Alexis Eisenhofer
Mario Winkler

DER EINFACHSTE WEG ZUM VERMÖGENSAUFBAU IM FINANZ-DSCHUNGEL

Alexis Eisenhofer
Mario Winkler

Der einfachste Weg zum VERMÖGENS AUFBAU im Finanz-Dschungel

Wie Sie mit Aktien zum Anleger werden

DEUTSCHER
WIRTSCHAFTSBUCH
VERLAG

Bibliografische Information der Deutschen Nationalbibliothek
Die Deutsche Nationalbibliothek verzeichnet diese Publikation in der Deutschen Nationalbibliografie; detaillierte bibliografische Daten sind im Internet über dnb.dnb.de abrufbar.

Wir freuen uns auf eure Anregungen und Fragen
info@deutscherwirtschaftsbuchverlag.com

Wichtiger Hinweis
Die im Buch veröffentlichten Empfehlungen wurden von Verfasser und Verlag erarbeitet und geprüft. Der Inhalt dieses Buches beruht ausschließlich auf den persönlichen Erfahrungen des Autors und erhebt keinen wissenschaftlichen Anspruch. Die benutzten Begrifflichkeiten sind wertfrei. Eine Garantie kann dennoch nicht übernommen werden. Ebenso ist die Haftung des Verfassers bzw. des Verlages und seiner Beauftragten für Personen-, Sach- und Vermögensschäden ausgeschlossen.

Originalausgabe
1. Auflage 2025

Deutscher Wirtschaftsbuch Verlag GmbH,
Christoph-Rodt-Straße 11, 86476 Neuburg an der Kammel
www.deutscherwirtschaftsbuchverlag.com

Auch wenn eine gendergerechte Sprache wünschenswert ist, gibt es aus Sicht des Verlages bisher keine befriedigende, gut lesbare Lösung. Der leichten Lesbarkeit zuliebe haben wir des Öfteren von der Doppelung männlicher und weiblicher Formen Abstand genommen. Selbstverständlich liegt es uns fern, dadurch einen Teil der Bevölkerung zu diskriminieren.

Redaktion: Judith Engst
Satz: Daniel Förster, Belgern
Korrektorat: Anke Schenker
Cover- und Umschlaggestaltung: www.b3k-design.de, © 2025 Andrea Schneider & diceindustries
Illustration: aslysun / shutterstock.com
Druck: GGP Media GmbH, Pößneck
Printed in Germany
ISBN Print: 978-3-69066-075-4
ISBN E-Book (PDF): 978-3-69066-077-8
ISBN E-Book (EPUB, Mobi): 978-3-69066-076-1

INHALT

VORWORT

Aktien sind Ausdruck einer Lebenseinstellung. Aktionäre sehen eine positive Zukunft für sich und das Unternehmen, in das sie investieren. Sie sind die Optimisten der Finanzwelt. Sparbuch-Anleger dagegen gehen meist vom Schlimmsten aus: Sie sind die Pessimisten der Finanzwelt. Ausschließlich ein Sparbuch zu halten, bedeutet, die niedrigste Rendite des Universums in Kauf zu nehmen. Das ist in etwa so, als würde man das gute Geschirr von den Großeltern im Atomschutzbunker horten: Man mag es sicher aufbewahren, doch hat man wenig Freude daran, weil man es nie benutzt. Das Leben als Aktionär ist um einiges spannender. Natürlich hat kein Investor nur Gewinner-Aktien in seinem Portfolio. Aber es ist wie ein Sieg beim Fußball: Für einen 8:3-Sieg bekommt die Gewinnermannschaft trotz Gegentoren viel mehr Anerkennung als für ein 0:0-Unentschieden.

Doch bevor wir mit dieser Reise durch den Dschungel des Finanzwissens starten, geben wir Ihnen einige Lernziele an die Hand und einen kurzen Ausblick auf das, was noch kommt.

Übrigens: Wir führen alle Fachbegriffe im Laufe des Buchs langsam ein. Falls Sie schon erfahrener sind, können Sie auch direkt zu den Kapiteln springen, die Ihnen am interessantesten erscheinen. Das Buch ist so verfasst, dass alle Inhalte mit wenig Vorwissen unabhängig voneinander verständlich sind.

Wissensziele

Um Sie in die Welt der Aktien einzuführen, werden wir wissenschaftlich fundierte Inhalte und Erfahrungen aus der Praxis nutzen. Alle Quellen werden mit Zahlen in eckigen Klammern am Schluss des jeweiligen Absatzes angegeben und finden sich in einem Verzeichnis am Ende des Buchs – Textbuchwissen belegen wir hingegen nicht, das entspricht dem üblichen wissenschaftlichen Vorgehen. Dieses Buch richtet sich nicht nur an Schüler oder Studierende, sondern explizit auch an Angestellte, Unternehmer, Rentner und Personen in jeder anderen Lebenssituation. Deswegen haben wir unsere Inhalte so aufbereitet, dass Sie einen gelungenen Start in den Vermögensaufbau mit Aktien bestreiten können – gleichgültig wie viel Vorwissen Sie mitbringen.

Aber Vorsicht: Sie werden nach der Lektüre kein Profi-Investor sein. Dazu möchten wir Ihnen von der »10,000 hour rule« berichten: Der Bestseller-Autor Malcolm Gladwell schreibt in seinem Buch *Outliers: The Story of Success*, dass man die Weltklasse nach ungefähr 10.000 Stunden fokussierter Tätigkeit erreicht [1]. Bei einer typischen 40 Stunden-Woche wären dies ungefähr fünf Jahre. Deswegen ist es völlig unrealistisch, dass sich ein Anfänger nach der Lektüre dieses Buches mit anerkannten professionellen Investoren wie etwa Warren Buffett oder Charlie Munger messen kann. Sie haben über ein halbes Jahrhundert mehr als 20 Prozent Rendite pro Jahr erzielt und gelten vielen als beste Investoren der Welt [2]. Aber lassen Sie sich davon nicht einschüchtern: Wir vermitteln Ihnen ein breit angelegtes Verständnis des Aktienhandels und Börsengeschehens, damit Sie als mündiger Anleger Ihre Finanzen selbst in die Hand nehmen können. Und wer weiß – vielleicht werden Sie eines Tages im gleichen Atemzug mit diesen Ikonen der Finanzwelt genannt.

Aufbau des Buches

»10 zu 7« – dieser magischen Regel folgt der Aufbau unseres Buches. In zehn Kapiteln haben wir jeweils sieben Abschnitte [3] untergebracht, die Ihnen die Welt der Aktien näherbringen. Dabei haben Sie die Wahl: Jedes Kapitel lässt sich einzeln lesen oder Sie lesen Kapitel 1 bis 10 aufeinander aufbauend.

Zunächst beginnen wir mit dem »Warum«: Warum sollten Sie sich mit Aktien befassen? Warum nicht mit anderen Anlagen? Und warum sollten Sie überhaupt Geld investieren? Nach dem »Warum« folgt das »Was«: Wir erläutern die Grundlagen der Börsensprache und führen Sie einsteigerfreundlich in die Welt der Finanzen ein. Danach beleuchten wir die landläufige Meinung über Aktienanlagen: »Bad News« überschatten fast immer »Good News«; schließlich ist eine Finanzkrise klickträchtiger als ein Rekordboom an der Börse. Doch damit wird man Aktien nicht gerecht.

Anschließend erhalten Sie genaue Quellen und eine Anleitung dazu, wie Sie Informationen über Aktien finden und sich regelmäßig informieren. Wenn Sie dann mit dem relevanten Wissen über den Aktienmarkt ausgestattet sind, heißt es, diesen zu deuten. Hierzu beraten wir Sie zunächst bei der Entscheidung, ob Sie jemanden mit der Aktienanlage beauftragen sollten oder Ihre Anlage selbst managen könnten. Anschließend vermitteln wir ein breites Verständnis des Marktes und konzipieren gemeinsam mit Ihnen eine Anlagestrategie, die Ihre persönliche Lebenssituation als Ausgangspunkt nimmt.

Danach geht es darum, diese Strategie in die Praxis umzusetzen und die erste Aktie auszuwählen. Keine Sorge, wir werden Ihnen mögliche Fehler bei der Aktienauswahl aufzeigen und Sie in die Welt der sogenannten Biases einführen – verbreitete psychologische Fehleinschätzungen. Anschließend zeigen wir Ihnen Schritt für Schritt, wie Sie Ihre erste Aktie kaufen und auch wieder verkaufen.

An dieser Stelle könnten wir das Buch beenden, aber wir wollen einen Schritt weiter gehen. Denn Geld ist nicht alles. Deshalb geben wir Ihnen einen Ausblick über die aktuelle Forschungslage zum Thema Finanzen und Glück und behandeln auch Fragen wie: »Wie investiere ich für mich ethisch sauber?« und »Werde ich mit mehr Geld wirklich glücklicher?«.

Am Ende eines jeden Kapitels finden Sie die jeweils wichtigsten Aussagen in Form einer Checkliste zusammengefasst. Zudem stellen wir Ihnen einige Aufgaben, mit denen Sie das Erlernte in der Praxis umsetzen können.

Sollten Sie unsere Reise nach Plan absolvieren, werden Sie in nur zehn Wochen vom Anfänger zum Anleger und können sich als Aktionär zu den Optimisten der Finanzwelt zählen. Nun schnallen Sie sich gut an. Denn wie im Flieger geht es an der Börse manchmal turbulent zu.

HINWEISE

Rechtlicher Hinweis

Aus rechtlichen Gründen weisen wir auf Folgendes hin: Dieses Buch enthält keine konkreten Kaufempfehlungen für Finanz- und/oder Anlageprodukte. Investitionen sind risikobehaftet und eingesetztes Kapital kann teilweise oder ganz verloren werden. Es wird keine Anlageberatung erteilt.

Genderhinweis

Aus Gründen der besseren Lesbarkeit wird in diesem Text das generische Maskulinum verwendet. Es bezieht sich auf alle Geschlechter gleichermaßen. Wo möglich, nutzen wir zudem die allgemeine Form im Partizip (z. B. »Studierende«, »Teilnehmende«), um eine geschlechtsneutrale Ansprache zu gewährleisten.

I.

WARUM SIE SICH MIT AKTIEN BEFASSEN SOLLTEN

Warum sollten Sie sich mit Aktien befassen? Warum ausgerechnet mit dieser Anlageklasse und nicht mit Anleihen oder alternativen Investments wie etwa Immobilien? Die Antwort ist simpel: Der langfristige Vermögensaufbau mit Aktien ist finanzwissenschaftlich über Jahrzehnte gründlich erforscht worden. Aktien haben sich hierfür immer wieder als beste Möglichkeit erwiesen [4]. Genau diese Aussage werden wir untermauern, grundlegende Begriffe einführen sowie Aktien in der Welt der Finanzen verorten.

I.1 Die reichsten Menschen der Welt sind Unternehmer

An wen denken Sie bei dem Begriff »reich«? Wahrscheinlich an Elon Musk, Jeff Bezos, Bill Gates oder Warren Buffett. Diese vier Menschen haben eines gemeinsam: Sie sind Unternehmer und führen die Liste der reichsten Menschen der Welt an. Sie wird von Forbes und

Bloomberg erstellt und beinhaltet ausschließlich Personen, die große Unternehmen besitzen [5].*

Diese Unternehmen haben sie entweder selbst gegründet oder geerbt. Niemand hat ein derart großes Vermögen als Angestellter oder durch herkömmliches Sparen erreicht. Sicherlich werden Sie jetzt einwerfen, dass Fußballstars, Hollywood-Schauspieler oder Musiker doch auch viel Geld verdienen. Damit haben Sie vollkommen recht. Doch sind deren Gehälter im Millionenbereich nicht mit den Milliarden-Einnahmen der erfolgreichsten Unternehmer der Welt zu vergleichen.

Wenn Sie nun selbst keine tolle Geschäftsidee haben oder kein talentierter Unternehmer sind, macht das gar nichts. An der Börse gibt es schließlich mehr als 47.000 Unternehmen [6], deren Miteigentümer Sie werden können, indem Sie Aktien kaufen. Bestimmt wissen Sie, dass eine Aktie einen Anteil an einem Unternehmen darstellt. Damit gehört Ihnen ein Teil des betreffenden Unternehmens, und Sie sind quasi Mitunternehmer.

1.2 Aktien und andere Anlageklassen

Eine Aktie ist ein Wertpapier, das dem Besitzenden das Recht gibt, am Gewinn eines Unternehmens beteiligt zu werden. Ein Unternehmen, das Aktien herausgibt, muss die Rechtsform einer Aktiengesellschaft (abgekürzt: AG) haben.** Aktiengesellschaften unterscheiden

* Die Liste klammert bewusst Adlige und Staatsoberhäupter aus, die oft über noch deutlich umfangreichere Finanzmittel verfügen.

** Bzw. einer äquivalenten Rechtsform wie Societas Europaea (SE) in Europa oder Corporation in den USA. In Deutschland gibt es zudem die seltene Rechtsform einer Kommanditgesellschaft auf Aktien (KGaA). Eine Kommanditgesellschaft ist eine Personengesellschaft mit anderen Haftungsregelungen.

sich massiv von anderen Unternehmensformen, denn Aktien können ohne komplexe und teure juristische Verfahren einfach verkauft und gekauft werden. Alle Personen, die Aktien einer AG besitzen beziehungsweise halten, werden Aktionäre genannt. Übrigens liegen Aktien heutzutage fast ausschließlich in digitaler Form vor. Bei einigen Börsen oder Unternehmen können Sie sich jedoch noch als Andenken auch eine Aktie aus Papier zuschicken lassen.

Wenn Sie Aktien handeln, diese also kaufen oder verkaufen, geschieht dies fast immer an einer Börse. Dieser Aktienhandel wird in einen Primärmarkt und einen Sekundärmarkt unterteilt. Lassen Sie uns dies an zwei Beispielen erläutern.

Ein Primärmarkt liegt immer dann vor, wenn eine AG neue Aktien emittiert (herausgibt) und an der Börse platziert. Doch warum macht ein Unternehmen das? Beispielsweise benötigt McDonald's Geld, um sich neue Länder als Standorte zu erschließen. Da das Unternehmen aber gerade nicht genügend Geld zur Verfügung hat, könnte es an einer Börse neue Aktien ausgeben. Wenn nun jemand eine dieser neuen Aktien kauft, erhält McDonald's direkt den entsprechenden Geldwert abzüglich der Kosten für den Handel, auch Transaktionskosten genannt. Sobald alle Aktien der Erstemission, sprich der Aktien, die McDonald's direkt ausstellt, aufgekauft sind, findet der Handel auf einem Sekundärmarkt statt.

Auf dem Sekundärmarkt werden Aktien zwischen Aktionären gehandelt – das Unternehmen profitiert dabei nicht direkt. Dies ist der Regelfall bei Börsengeschäften. Im Jahr 2023 belief sich das Emissionsvolumen, also wie viel Geld für die erstmals platzierten Aktien insgesamt gezahlt wurde, in Deutschland auf eine Summe von rund 1,9 Milliarden Euro [7]. Insgesamt wurden jedoch Aktien im Wert von über 1.200 Milliarden Euro [8] gehandelt – dies ist das sogenannte Handelsvolumen. Somit entfallen ungefähr 99,8 Prozent des gesamten Handels auf den Sekundärmarkt. Wenn Sie nun beispielsweise eine Aktie von McDonald's kaufen, erhalten Sie diese in den meisten Fällen nicht direkt vom Unternehmen, sondern von anderen Aktienverkäufern.

Weltweit betrachtet sind diese Zahlen sogar noch höher: Die größte Börse, New York Stock Exchange (abgekürzt: NYSE) hatte 2024 ein Handelsvolumen von 30 Billionen Euro [9]. Diese Zahl ist deswegen so hoch, weil Aktien heutzutage sehr schnell ihre Eigentümer wechseln. So beträgt die durchschnittliche Haltedauer, der Zeitraum vom Kauf bis zum Verkauf einer Aktie, an der NYSE nur etwa 5,5 Monate und damit rund 9 Monate weniger als noch im Jahr 1999 [9], [10].

Wie kann das sein? Alle – wir auch – empfehlen doch eine Aktienanlage für die lange Frist, sprich mit einer Haltedauer von 20 bis 30 Jahren? Der Hauptgrund hierfür ist die Nutzung von Computersystemen an den Börsen. Diese handeln oft automatisiert und suchen geringe Preisunterschiede zwischen verschiedenen Handelsplätzen, was als Arbitragegeschäft bezeichnet wird. Der Arbitragehandel ist die Königsklasse, weil hierdurch ein risikoloser Gewinn erzielt werden kann: Kostet die Apple-Aktie beispielsweise an der New Yorker Börse NYSE 170 Dollar und in London 171 Dollar, kaufen sie in New York und verkaufen unmittelbar danach in London. Dadurch erhalten sie ohne Risiko einen Gewinn. Für Privatanleger sind solche Geschäfte praktisch unmöglich, weil die Differenzen immer kleiner werden und der Handel im Bereich von Nanosekunden ausgeführt wird.

Wir fokussieren uns natürlich darauf, wie Sie als Privatanleger an der Börse Geld verdienen können und nicht wie Computersysteme dies tun. Lassen Sie uns daher den Prozess des Geldverdienens mit Aktien genauer untersuchen.

Sie können prinzipiell auf zwei Wegen mit Aktien Geld verdienen: Der eine Weg besteht im Kauf einer Aktie zu einem Preis beziehungsweise Kurs, der niedrig ist, und der spätere Verkauf zu einem höheren

Kurs. Diese Art, Geld zu erwirtschaften, wird Spekulation genannt, da Sie auf einen Preisanstieg beziehungsweise Wertzuwachs der Aktie hoffen.

Der andere Weg ist die sogenannte Dividende. Dividende kommt vom lateinischen Begriff »dividenda« und bedeutet »die zu teilende Summe«. Beschließt eine Aktiengesellschaft, eine Dividende an die Aktionäre zu zahlen beziehungsweise auszuschütten, dann wird eine Summe festgelegt, die unter den Aktionären nach Anteil der Aktien aufgeteilt wird. Hat beispielsweise Siemens 100 Aktien auf dem Markt beziehungsweise ausstehend und entschließt sich, 100 Euro Dividende unter den Aktionären auszuschütten, dann erhalten Sie 1 Euro Dividende, wenn Sie eine Aktie besitzen. Aber aufgepasst: Es gibt Unternehmen, die keine Dividendenausschüttung beschließen, weil sie das Geld gerne in das Unternehmen reinvestieren möchten.

Dies ist typischerweise bei Unternehmen mit hohem Investitionswunsch der Fall – solche Aktien werden Growth Stocks genannt. Unternehmen mit geringem Investitionswunsch schütten dagegen normalerweise Dividenden an ihre Aktionäre aus – solche Aktien werden Value Stocks genannt. Eine etwas andere Art der Ausschüttung ist ein Aktienrückkauf. Hier kauft das Unternehmen eigene Aktien zurück und sorgt somit dafür, dass die verbleibenden Aktionäre einen höheren Anteil am Unternehmen erhalten.

Lassen Sie uns dies an einem Beispiel erläutern: Angenommen, Meta hat nur 100 Aktien ausstehend. Nun kauft es 10 Aktien zurück und nimmt diese vom Markt. Danach müsste die Dividende des Unternehmens nicht mehr auf 100 Aktien verteilt werden, sondern nur noch auf die verbleibenden 90. Somit würden die übrigen Aktionäre zukünftig von höheren Dividenden profitieren. Über diese Formen der Dividendenpolitik zieht ein Unternehmen ein entsprechendes Klientel an [11]. Meist bevorzugen ältere Menschen sichere Dividendenzahlungen und jüngere Menschen eher spekulative Wertzuwächse.

Neben Aktien gibt es noch zahlreiche andere Anlageklassen. An dieser Stelle möchten wir Ihnen kurz die großen zwei neben Aktien erläutern: Anleihen und Alternatives.

Anleihen kann man als persönliche Kredite verstehen. Kaufen Sie beispielsweise eine Anleihe von Toyota für 100 Euro, so geben Sie dem Unternehmen einen Kredit über diesen Betrag. Toyota muss den Kredit dann beispielsweise in einem Jahr an Sie zurückzahlen – natürlich mit Verzinsung.

So würden Sie bei einem Zins von 5 Prozent 105 Euro zurückerhalten, inklusive 5 Euro Zinsen. Wie Ihnen sicherlich aufgefallen ist, erhalten Sie bei Anleihen also einen festen, vorher definierten Betrag zurück, während Sie bei Aktien nicht genau wissen, wie viel Sie zurückerhalten werden: Es könnte auch weitaus mehr sein oder nur ein Bruchteil des anfänglich investierten Betrags.

Die letzte große Anlageklasse sind sogenannte Alternatives. Dies können Immobilien sein, die durch regelmäßige Mietzahlungen eher Anleihen ähnlich sind. Kryptowährungen oder ausgefallenere Anlagen, wie beispielsweise Wald in Uganda oder erneuerbare Energieprojekte, haben unsichere Zugewinne beziehungsweise Renditen und ähneln eher Aktien.

1.3 Historische Wertentwicklung einzelner Anlageklassen

Erwirtschaften Aktien mehr Rendite als Anleihen? Genau dieser Frage hat sich der US-amerikanische Finanzwissenschaftler Jeremy Siegel in seinem Buch *Stocks for the Long Run* gewidmet [4]. Um zu untersuchen, welche Anlageklasse am meisten Rendite erwirtschaftet, ging Siegel weit in die Vergangenheit zurück. Lassen Sie uns das also auch einmal tun. Stellen Sie sich vor, Sie könnten in der Zeit zurückreisen in das Jahr 1802 in die USA. Auf der Straße fänden Sie einen Dollar. Was würden Sie damit machen?

Die einfachste Antwort wäre sicherlich: Nichts. Sie nehmen den Dollar zurück in die Gegenwart. Doch wie viel könnten Sie sich heute mit diesem Dollar von 1802 kaufen? Hierzu gibt uns Siegel eine Antwort: 0,05 US-Dollar heutiger Währung. Durch die Inflation – den Prozess, dass Geld mit der Zeit an Wert verliert – würde man für den Dollar jährlich ungefähr 1,4 Prozent weniger Produkte oder Dienstleistungen kaufen können. Ein sehr schlechter Deal. Vielleicht hätten Sie Ihren Dollar ja auch in Unternehmensanleihen angelegt. Dann hätten Sie heute 1.778 Dollar. Deutlich mehr als beim Verzicht auf ein Investment. Was wäre passiert, wenn Sie Ihren Dollar in Schatzwechsel der USA, eine besondere Form von Staatsanleihen, investiert hätten? Sie hätten leider weniger Geld als bei den Unternehmensanleihen – nur 281 Dollar. Vielleicht hätten Sie ja mit Gold die höchste Rendite erhalten? Gold gilt in Krisenzeiten als besonders vielversprechende Anlage. Obwohl es in den vergangenen beiden Jahrhunderten viele Krisen in den USA gab – insbesondere die Great Depression und die beiden Weltkriege –, stieg der Kaufpreis von Gold pro Jahr im Mittel nur um 0,7 Prozent und damit auf einen Wert von heute gerade einmal 4,52 Dollar. Tatsächlich hätten Sie für die Aufbewahrung von Gold auch noch ein Schließfach oder andere Sicherheitsmaßnahmen bezahlen müssen und dadurch zusätzliche Kosten getragen, die in Siegels Rechnung nicht berücksichtigt wurden.

Was wäre nun passiert, wenn Sie in die von uns gelobten Aktien investiert hätten? Hätten Sie den US-Dollar im Jahr 1802 in Aktien investiert, wäre Ihnen eine durchschnittliche jährliche Rendite von 6,6 Prozent pro Jahr zuteilgeworden. Ihr Dollar wäre dann heute 704.997 Dollar wert – gigantisch viel mehr als bei allen anderen Optionen.

Abb. 1: Reale Gesamtrenditen von US-Aktien, Schatzwechsel, Gold und Dollar, 1802–2012

Quelle: eigene Darstellung, in Anlehnung an Siegel (S. 6, 2022) [4]

Um Ihnen diese Wertentwicklungen in einer Grafik zu zeigen, müssen wir auf eine besondere Form zurückgreifen: die logarithmische Skala. Diese Skala nutzt man immer dann, wenn man kleine und große Wertzuwächse gleichzeitig in einem Diagramm darstellen möchte. Sie ist nämlich so erstellt, dass die Werte auf der vertikalen Achse immer um das 10-Fache steigen. Beispielsweise ist der Abstand von 1 US-Dollar zu 100 US-Dollar genauso groß, wie der Abstand von 100.000 Dollar zu 1 Millionen Dollar. Würden wir eine vertikale Skala verwenden, auf der alle Abstände nach den Werten verordnet würden, könnten Sie nur die Entwicklung der Aktien sehen, denn alle anderen Wertentwicklungen wären viel zu gering. Denn um so viel mehr haben Aktien alle anderen Anlagen übertroffen.

Hätten Sie also vor 200 Jahren einen Dollar in Aktien angelegt, hätten Sie heute über 700.000 Dollar. Natürlich hilft Ihnen diese Information nicht nur dann weiter, wenn Sie zufällig über eine Zeitmaschine stolpern, sondern es zeigt Ihnen auch für die Zukunft: Aktien erwirtschaften langfristig signifikant mehr Rendite als andere Anlageklassen.

1.4 Warum Aktien kein Glücksspiel sind

»Aktien kaufen ist wie Lotto.« So oder so ähnlich stellen sich viele Deutsche den Aktienmarkt vor. Schließlich hört man immer wieder von wenigen Gewinnern und sehr vielen Verlierern. Mehr als 60 Prozent der deutschen Nicht-Aktionäre haben Angst vor hohen Verlusten oder einem Aktiencrash [12].

Gewiss, Respekt gegenüber dem Markt ist angebracht. Das sollte Sie aber nicht davon abhalten, eine kühle Betrachtung von Risiko und Rendite durchzuführen. Die meisten Menschen nehmen Gefahren verzerrt wahr und neigen daher zu irrationalen Entscheidungen. Viele fürchten sich mehr vor Flugzeugabstürzen als vor Autounfällen. Dabei ist das Flugzeug das mit Abstand sicherste Verkehrsmittel und das Auto das unsicherste.* Weil aber über beinahe jeden Flugzeugabsturz weltweit in den Medien berichtet wird, ist die wahrgenommene Wahrscheinlichkeit deutlich höher als das echte Risiko. Diese verzerrte Sicht auf die Welt nennen Psychologen die sogenannte Verfügbarkeitsheuristik.** Ähnlich läuft die Berichterstattung über große

---

* Bezogen auf 1 Milliarde Reisekilometer haben sich bei Flugreisen 0,3 Menschen verletzt, bei der Bahn waren es 2,7 und beim Auto sogar 276 Menschen [13].

** Im Gedächtnis werden besonders leicht verfügbare Ereignisse zur Schlussfolgerung bevorzugt herangezogen [14]. Diese verkürzende kognitive Operation führt zu oftmals großen Urteilsfehlern.

Pleiten von Unternehmen: Ein Wirecard-Skandal* ist deutlich sensationeller als ein durchschnittlich hoher Gewinn bei Coca-Cola.

An der Börse ist Ihr Gewinn niemals im Vorhinein bekannt. Dementsprechend haben Sie für jede Anlage, die Sie halten, einen sogenannten Erwartungswert, der dem erwarteten Gewinn entspricht. Lassen Sie uns dies am Beispiel von dem bekannten Casino-Spiel »Roulette« erläutern.

Abb. 2: Französischer Roulettekessel

Quelle: eigene Darstellung

Beim Roulette, in der europäischen Variante, wirft der Casino-Mitarbeiter eine Kugel in den sich drehenden Kreis, der in Segmente mit den Zahlen von 0 bis 36 aufgeteilt ist. Die Kugel landet nun zufällig

---

* Lesen Sie Abschnitt VII.6, falls Sie mit dem Wirecard-Skandal nicht vertraut sind.

auf einer dieser Zahlen. Sollte es sich hierbei um die Zahl handeln, auf die Sie im Vorfeld gewettet haben, erhalten Sie das 36-Fache des Einsatzes zurück. Hätten Sie beispielsweise einen Euro auf die 30 gesetzt und die Kugel fiele auf diese Zahl, würden Sie 36 Euro zurückerhalten. Ihr Erwartungswert wäre jedoch nur bei 0,97 Euro gewesen. Woran liegt das? Der Erwartungswert ist Ihr Gewinn im Erfolgsfall, multipliziert mit der Wahrscheinlichkeit hierfür. In unserem Roulette-Beispiel würden Sie 36 Euro gewinnen. Dieser Fall tritt in einem von 37* Fällen auf – sprich in 3 Prozent aller Möglichkeiten. Da beim Roulette alle Felder gleich groß sind und daher die gleiche Wahrscheinlichkeit besteht, dass die Kugel dort zum Liegen kommt, sollten Sie bei einem unendlichen Spiel in 3 Prozent aller Fälle 36 Euro gewinnen und in den anderen den Einsatz verlieren. Das bedeutet, Sie erwarten 36 Euro mit einer Wahrscheinlichkeit von 3 Prozent für jedes einzelne Spiel, was die besagten 0,97 Euro sind. Für 1 Euro Einsatz können Sie also mit 0,97 Euro »Gewinn« rechnen, was einem echten zu erwartenden Verlust von 0,03 Euro pro Spiel entspricht. Dieser erwartete Verlust für Sie ist der erwartete Gewinn des Casinos – am Ende gewinnt beim Glücksspiel eben immer die Bank.

Bei Aktien ist das Verhältnis grundsätzlich anders. Dies liegt daran, dass der Wert für einen Gewinn nicht nach oben beschränkt ist. Es gibt keine Bank, wie im Casino, die sich an Ihnen bereichern möchte. Lassen Sie uns auch hierzu ein Beispiel durchgehen. Investieren Sie 100 Euro in eine Apple Aktie, sind zwei Dinge unbegrenzt:

1. Verkaufszeit: Sie haben es selbst in der Hand, zu welchem Zeitpunkt und zu welchem Wert Sie die Aktie verkaufen – eben nicht wie im Casino, wo ein Spiel Ihnen dies auferlegt.

* Sie müssen die Null mitzählen, daher ergeben sich 37 Zahlen.

2. Wert der Aktie: Die besagte Apple Aktie könnte um 30 Prozent oder vielleicht sogar um 60 Prozent steigen und damit einen Erwartungswert haben, der deutlich über Ihrem »Einsatz« liegt. Im Casino ist dies vom Veranstalter bewusst auf einen Höchstgewinn begrenzt.

Natürlich können Sie sowohl an der Börse als auch im Casino Geld verlieren. Im Casino sind Verluste sogar unter logischen Gesichtspunkten zu erwarten. An der Börse haben Sie durch Verkäufe, falls ein bestimmter Kurs unterschritten wird, und durch eine potenzielle Vervielfachung Ihres Einsatzes im Schnitt einen positiven Erwartungswert. Einfach ausgedrückt: Ein Casino möchte, dass Sie möglichst viel Geld verlieren. Das System Börse möchte, dass Sie möglichst oft und viel investieren, und bietet deshalb einen Anreiz, sodass Sie im Durchschnitt profitieren.

Wie hoch ist nun dieser Erwartungswert an der Börse? Einen allgemeinen Wert gibt es nicht, da er immer an der spezifischen Investition hängt. Jedoch lässt sich Folgendes sagen: Langfristig erwarten Anleger Gewinne, wenn sie breit investiert sind, sprich, sie gehen von einem positiven Erwartungswert aus. Aber warum ist das so? Ökonomen erklären es sich wie folgt: Anleger sind risikoscheu und erwarten einen Ausgleich für die Übernahme von Risiken, die sogenannte Risikoprämie. Würden sie mit Aktien nicht mehr als mit dem sicheren Sparbuch erwirtschaften, würden die Anleger keine Aktien kaufen. Die Kurse der Aktien würden durch Verkäufe zugunsten von Sparbuchguthaben sinken, bis sie so günstig wären, dass sie risikoscheue Anleger wieder anzögen. Aber abgesehen von dieser ökonomischen Erklärung gibt es statistische Daten: Wie wir an anderer Buchstelle*

* Lesen Sie hierzu Abschnitt I.3 »Historische Wertentwicklung einzelner Anlageklassen«.

erläutern, ist ein breit investiertes Aktienportfolio in der langen Frist immer gestiegen und hat somit einen positiven Erwartungswert.

I.5 Geldanlage delegieren? Ohne ein Grundverständnis undenkbar

Womöglich fragen Sie sich: »Schön und gut, aber kann ich nicht jemanden beauftragen, für mich zu investieren? Schließlich gibt es Profis und ich müsste mich nicht weiter mit dem Thema befassen.« Das ist leider nicht ohne Weiteres sinnvoll. Um nämlich jemanden auszuwählen, sollten Sie beurteilen können, ob diese Person in der Lage ist, für Sie sinnvoll zu investieren. Wir helfen Ihnen an einer anderen Buchstelle*, genau diese Einschätzung zu treffen. Darüber hinaus kosten solche individualisierten Anlagemanager immens viel und sind für Normalverdienende in der Regel nicht zu bezahlen. Diese auch als Vermögensverwalter bezeichneten Personen erhalten in der Regel 1 Prozent des verwalteten Vermögens pro Jahr. Eine Alternative sind sogenannte Investmentfonds, kurz: Fonds.

Ein Fonds bildet eine Gruppe von Wertpapieren ab, bei Aktienfonds sind dies ausschließlich Aktien. Steigt nun eine Aktie im Fonds im Wert und alle anderen bleiben gleich viel wert, steigt auch der Wert des Fonds und so weiter. Solche Fonds unterteilt man in zwei Typen: Publikumsfonds für Privatanleger und Spezialfonds für sogenannte institutionelle Anleger. Zu den institutionellen Anlegern zählen etwa große Unternehmen, Banken, Versicherungen oder staatliche Akteure. Obwohl im Jahr 2023 nur etwa 48.600 börsennotierte Unternehmen weltweit existieren, gibt es knapp 47.000 Aktienfonds

---

* Lesen Sie hierzu Kapitel IV.

[15], [16]. Warum sollten Sie nun nicht einfach all Ihr Geld in einen Fonds investieren? Das könnten Sie tun. Die Frage ist nur: In welchen? Hierzu gibt es laut den Finanzwissenschaften grundsätzlich zwei Möglichkeiten: Investieren Sie in den Markt oder versuchen Sie, durch eine schlaue Fondsauswahl den Markt zu schlagen. Beides erfordert aber wieder ein grundlegendes Verständnis der Finanzmärkte.

Sie sehen: Wollen Sie Ihr Vermögen vermehren, sollten Sie sich mit diesen Themen zumindest im Ansatz auseinandersetzen.

I.6 Geschichte aus der Welt der Aktien

Um Ihnen zu verdeutlichen, wie relevant ein Verständnis von Aktien ist, möchten wir Ihnen ein Beispiel aus Russland erläutern. Beinahe alle russischen Bürger hatten durch das Ende der Sowjetunion ein kleines Vermögen vom Staat erhalten: sogenannte Anteilsscheine. Es handelte sich quasi um Aktien von den Staatsunternehmen, bei denen sie vorher tätig waren. Doch kaum jemand verstand, was diese Stücke Papier wert waren. Da schlug die Stunde einiger besonders listiger Russen: den zukünftigen Oligarchen. Sie kauften diese vermeintlich wertlosen Stücke Papier zu Spottpreisen und besaßen damit innerhalb von kürzester Zeit zahlreiche Unternehmen in Russland. Wenige kluge Investoren konnten so günstig Aktien kaufen und dadurch die Kontrolle über große Unternehmen gewinnen. Weil russische Unternehmen häufig im Rohstoffbereich erfolgreich sind und die Rohstoffpreise weltweit stark gestiegen sind, haben diese wenigen Investoren besonders stark davon profitiert. Was anfänglich dazu gedacht war, das Vermögen gleich unter der Bevölkerung aufzuteilen, führte am Ende zur größten Vermögenskonzentration weltweit [17].

Heute zählt Russland zu den Staaten mit der höchsten Vermögensungleichheit unter seinen Bürgern [18]. Ungleichheit wird durch den sogenannten Gini-Koeffizienten gemessen, der Werte zwischen 0 und 1 annehmen kann. Bei einem Wert von 0 haben alle Menschen das gleiche Vermögen. Bei einem Wert von 1 hat eine Person das gesamte Vermögen und alle anderen Menschen sind mittellos. Brunei, die Vereinigten Arabischen Emirate und Russland liegen an der Spitze der Länder mit der höchsten Ungleichheit. Einige wenige Personen vereinen Vermögen in Form von zumeist vielen Rohstoffen auf sich. Sie sind deswegen wesentlich reicher als der Rest der Bevölkerung. Deutschland liegt mit seinem Gini-Koeffizient für Vermögen übrigens im oberen Mittelfeld [19].

Die Geschichte der ahnungslosen Russen lehrt uns, dass wir eine finanzielle Bildung im Hinblick auf Aktien brauchen. Wenn Sie sich nicht um Ihr Geld kümmern, kümmern sich andere darum. Und das geschieht meist nicht zu Ihrem Vorteil.

I.7 Checkliste und To-dos

Checkliste

Ich habe gelernt, dass …

- **Unternehmer** am **reichsten** werden.
- **Miteigentumsanteile** an Unternehmen als **Aktien** bezeichnet werden und dass ich mich über die Börse an Unternehmen **beteiligen** kann.
- Aktien, bei **langfristigem** und **breitem Investment**, die Anlageklasse mit der **höchsten Rendite** darstellen.
- Aktien, bei langfristigem und breitem Investment, **kein Glücksspiel** sind, sondern einen positiven Erwartungswert haben.
- ich bei der Geldanlage ein **Mindestwissen** haben muss, damit ich wenigstens den richtigen Vermögensverwalter auswählen kann, der die Detailarbeit übernimmt.
- ich **ohne** Wissen über Aktien viele **Chancen** zum Vermögensaufbau **vertun** könnte, so wie das die ehemaligen Bürger der Sowjetunion getan haben.

To-dos

In der nächsten Woche werde ich …

- mir eine Website suchen (wir haben eine entsprechende Liste vorbereitet), um mich regelmäßig über Aktien zu informieren*.
- drei Aktien von Unternehmen suchen, die ich kenne, und ihren Preis zu Beginn der Woche und zum Ende notieren.
- mir anschauen, was in den Nachrichten über die Preisveränderung dieser drei Aktien berichtet wird.

---

* Wir empfehlen: Mindestens ein Mal pro Monat, wenn Sie keine Aktien halten, und mindestens ein Mal pro Woche, wenn Sie Aktien halten.

II.

DARUM HÖREN WIR OFT SCHLECHTES ÜBER AKTIEN

Nur etwa 15 Prozent aller Menschen in Deutschland halten Aktien als Teil ihrer Vermögensanlage [20]. Das bedeutet: Der Großteil der Menschen hält keine Aktien. Spricht man mit diesen Leuten, merkt man oft große Skepsis gegenüber Aktien und Angst vor Verlusten. Aber woher kommt das, wenn Aktien doch einen hohen Erwartungswert haben? Ein Faktor sind sicherlich die großen Börseneinbrüche nach dem Platzen der New-Economy-Blase 2001 oder der Lehman-Pleite 2007.* Sie haben viele Menschen verunsichert: Eine wochenlange Berichterstattung über Verlierer an der Börse sitzt vielen Generationen in den Knochen.

---

* Die New-Economy-Blase von 2001 entstand durch übermäßige Spekulation in Technologie- und Internetfirmen. Deren Bewertungen stiegen stark, obwohl viele dieser Unternehmen keine nachhaltigen Geschäftsmodelle hatten. Ihr Platzen führte zu massiven Kursverlusten und dem Ende zahlreicher Firmen. Die Lehman-Pleite 2007 markierte den Höhepunkt der Finanzkrise, die durch exzessive Vergabe von Subprime-Hypotheken ausgelöst wurde, deren Wertverfall das Bankensystem destabilisierte und eine globale Rezession auslöste.

Wir vertreten die These, dass ein Großteil der Nachrichten – wie beispielsweise die genannten Krisen – negativ ist und sich einseitig auf schlechte Ereignisse fokussiert. Verstehen Sie das aber nicht falsch: Die Berichterstattung ist negativ, nicht die Realität. Was bedeutet das für Sie als Anleger? Aktionäre sind Eigentümer von Unternehmen. Ihre Aktien entwickeln sich dann gut, wenn die betreffenden Unternehmen erwartungsgemäß eine positive Zukunft vor sich haben. Deswegen müssen Sie als Anleger wissen, welchen Unternehmen es wirklich schlecht geht – wie in den Nachrichten berichtet – und welchen es gut geht, sprich, Sie müssen die Spreu vom Weizen trennen.

II.1 Aktien in den Nachrichten

Etwas Positives zu Beginn: Es gibt nicht nur negative Berichterstattung über Aktien. Besonders erfreulich ist das Format *Börse vor Acht** in der ARD, wo einem breiten – meist älteren – Publikum börsentäglich kurz vor der Tagesschau Nachrichten zum Thema Aktien vermittelt werden. Die Bedeutung einer solchen Sendung für die finanzielle Allgemeinbildung kann gar nicht hoch genug geschätzt werden. Sie vermittelt den Nicht-Bankiers, dass es normal ist, Börseninformationen nüchtern zu konsumieren und diese einzuordnen. Ebenso setzt sie die Schwelle niedrig: Knapp vor der Tagesschau haben viele Zuschauer den Fernseher schon angeschaltet und können dieser neuen Anlageklasse etwas abgewinnen, ohne zunächst mehr zu tun, als zuzuschauen. Nichtsdestotrotz gehören jüngere Generationen kaum zu den Zuschauern, denn von den unter 24-Jährigen schauen nur noch 15 Prozent regelmäßig lineares Fernsehen [21].

* Mittlerweile bekannt als *Wirtschaft vor Acht.*

Auf Social Media sind Dutzende Aktienerläuterer unterwegs und erreichen auch Jüngere. Einige mögen mehr schlecht als recht erklären, wie die Finanzwelt funktioniert, aber andere bauen ihren Inhalt auf breite Recherche: Kanäle wie etwa »Finanzfluss« von Thomas Kehls auf YouTube* veröffentlichen unterhaltsame und faktenbasierte Videos.

Natürlich verfolgen die Betreiber von Börsennachrichten ein Eigeninteresse. Im Falle der Sendung »Börse vor Acht« mag dies noch ein reiner Bildungsauftrag sein, aber alle privatwirtschaftlichen Anbieter möchten damit Geld verdienen. Das sollten Sie immer berücksichtigen, wenn Sie den Informationsgehalt einzelner Nachrichten bewerten.

II.2 Bad News sind Good News – für Medienunternehmen

Wer die täglichen Nachrichten liest, muss das Gefühl bekommen, dass die Welt den Bach runtergeht: Terrorismus, Kriege, Atomwaffen, Wirtschaftskrisen, soziale Unruhen, zunehmende Ungleichheit, Diktaturen, Migrationsbewegungen, Fremdenfeindlichkeit, Klimakatastrophen oder eine Drogen-Epidemie – die Liste könnte noch viel länger sein.

YouGov hatte 2015 eine Umfrage unter 18.235 Erwachsenen in 17 Ländern durchgeführt [22] und dabei die Frage gestellt: *»All things considered, do you think the world is getting better or worse, or neither getting better nor worse?«* Der Anteil derjenigen, die glauben, dass sich die Welt nicht verschlechtert, war erschreckend gering. In Schweden glauben nur 10 Prozent an eine immer bessere Welt, Dänemark, Finnland und Norwegen folgen sogar mit nur 8 Prozent. In den USA,

* Auf Basis der Inhalte bis 2024 – da die Qualität von Influencer-Inhalten teilweise massiv abfallen kann, können wir für spätere Inhalte keine Empfehlung aussprechen.

dem vermeintlichen Land der Optimisten, zeigten sich nur 6 Prozent wirklich optimistisch. Großbritannien und Deutschland folgen mit 4 Prozent, und das Schlusslicht teilten sich Australien und Frankreich mit gerade einmal 3 Prozent.

Gute Nachrichten werden fast niemals verbreitet. Dies liegt daran, dass gute Ereignisse oft graduell oder planmäßig verlaufen und deswegen keinen großen Neuigkeitswert haben [23]. Haben Nachrichten keinen großen Neuigkeitseffekt, werden sich auch nur wenige Leute dafür interessieren und das jeweilige Unternehmen weniger Werbung verkaufen können. Sprich: Es verdient weniger Geld mit diesen Nachrichten.

Indessen sind schlechte Nachrichten ein Garant für Aufmerksamkeit [24]: Alle drei großen Nachrichtensendungen in Deutschland (*Tagesschau, ZDF heute* und *RTL aktuell*) berichten laut einer repräsentativen Auswertung zwischen 2020 und 2021 überwiegend negativ [25]. Dieser Befund ist unabhängig von dem Thema, um das es gerade geht. Die einzige systematische Ausnahme ist der Bereich Unterhaltung, wie Film, Kunst oder Sport. Über Sport wird häufiger positiv als negativ berichtet – anscheinend eine Insel der Ruhe in unserer negativ geprägten Medienlandschaft.

Das Internet und die sozialen Medien verstärken diesen Trend noch [26]. Weil die Aufmerksamkeit der Menschen begrenzt ist, finden aus den unzähligen Nachrichten nur diejenigen den Weg in die Medien, die besonders schlimm, vermeintlich selten und damit leider hervorstechend sind. Das gilt besonders auch für Fake News, die bei X (früher bekannt als Twitter) eine um 70 Prozent höhere Retweet-Wahrscheinlichkeit und damit eine sechsfach größere Reichweite haben als normale Nachrichten [27].

Aus diesen Gründen ist es nur verständlich, dass Berichterstatter nicht auf gute Nachrichten über Börse und Wirtschaft setzen, sondern sich auf Crashs, Steuerskandale und steigende Inflation fokussieren. Daher wundern Sie sich nicht, wenn Sie nicht oft Positives über die Lage an der Börse hören.

II.3 Die Wahrnehmung der Menschen: Die Welt wird immer schlimmer

Sozialwissenschaftler beschreiben unsere Gesellschaft gern als von Abstiegsängsten und einem Optimierungswahn geprägt. Dies sei zudem ein Ergebnis entfesselter Märkte und ungebremster neoliberaler Kräfte [28]. Doch wird die Welt wirklich immer schlimmer?

Besonders gerne werden dabei die modernen Algorithmen der großen Internetfirmen angeprangert, die zu einer Fremdbestimmung der Gesellschaft führen [29]. Doch woher kommen diese Ergebnisse? Auf dem Kongress »*Wachsende Ungleichheit – gespaltene Gesellschaft?*«, der am 4. April 2018 in München stattfand, plädierte die Münchner Professorin für Quantitative Sozialforschung Prof. Dr. Katrin Auspurg für die Verwendung von mehr empirischen, also datengetriebenen Methoden in der Sozialwissenschaft. Im Moment finde man, so Auspurg, »häufig nur selektive anekdotische Berichte über Einzelfälle, das ist dann doch keine solide Wissenschaft«. Moderne Algorithmen müssen nicht schlecht sein, sondern können verhindern, dass Einzelfälle falsch verallgemeinert werden.

Negative anekdotische Beispiele dienen Politikern nämlich häufig für Thesen, die ihren eigenen Interessen dienlich sind. Kommunikation ist oft dann besonders erfolgreich, wenn Ziele moralisiert werden [30]. Politiker, die für ihre wichtige Zielgruppe der Rentner eine Rentenerhöhung erreichen möchten, verweisen in Talkshows regelmäßig auf Altersarmut und überblenden die Tatsache, dass es in jeder Altersklasse Armut gibt und alleinerziehende Mütter statistisch gesehen das höchste Armutsrisiko haben [31].

Warum ist dies ein Thema, auch wenn wir über die Aktienanlage reden? Es ist wichtig zu verstehen, dass solche anekdotischen Untersuchungen oft große Narrative erzeugen. Einzelne Ereignisse werden durch eine umfangreiche Weitererzählung wichtiger: Wenn beispielsweise ein Flugzeug in Australien abstürzt, führt dies zu einer breiten Berichterstattung auf der ganzen Welt. Dadurch bekommen mehr Personen ungerechtfertigterweise Angst vorm Fliegen. Statistisch gesehen gehört Fliegen zu den sehr sicheren Beförderungsmethoden [32]. Diese kognitive Verzerrung der objektiven Wahrscheinlichkeit nennt die Wissenschaft die »Verfügbarkeitsheuristik« [33].

Weil Menschen grundsätzlich für diese Verzerrung anfällig sind, können mächtige Narrative einen fundamentalen Effekt auf unsere Wirtschaft haben. Ein besonders bekanntes Beispiel ist die Unglücks- und Verschwörungszahl 13. Weil sich das abergläubische Narrativ in vielen Kulturen weitererzählt hat, fehlt in vielen Flugzeugen die 13. Sitzreihe. Dies geht sogar so weit, dass im deutschen Sozialgesetzbuch der Gesetzgeber auf die Nennung des Dreizehnten Buchs verzichtet hat [34].

Aktienmärkte sind sehr durch solche psychologischen Effekte überlagert. Wenn die Kurse gut gelaufen sind, berichten viele Medien positiv und verharmlosen damit die (subjektiv wahrgenommene) Verlustwahrscheinlichkeit. Entsprechend wird eine Untergangsstimmung über die Medien verbreitet, wenn die Kurse eingebrochen sind. Nachrichten sind wie eine Modeerscheinung – sobald ein Trend gesetzt wird, breitet er sich aus, bis ein neuer Trend übernimmt.

II.4 Es gibt Berufsoptimisten – aber das vorherrschende Misstrauen gegen sie hat gute Gründe

Probleme an den Finanzmärkten entstehen oft durch das sogenannte »Salesmanship« oder, auf Deutsch, auf die »Verkaufsmentalität«: Wichtige Akteure müssen ständig beschwichtigen und beschönigen, damit sie keine Nachteile erleiden – eben wie ein Verkäufer, der seine Waren positiv darstellen muss.

Für alle Akteure an der Börse ist die Wahrnehmung wichtiger als die Realität. Sie versuchen so lange und so gut wie möglich, eine positive Reputation zu wahren. Würden Bankmanager anders handeln und Probleme immer sofort melden, stiegen ihre Finanzierungskosten. Denn die Geldgeber würden dann vorsichtiger agieren und daher mehr Geld für die Bereitstellung von Finanzmitteln verlangen. Würden Fondsmanager zugeben, dass sie bei hohen Kursen aktuell keine guten Investments mehr finden, zögen Anleger Mittel aus den Fonds ab. Wieso sollte ein Anleger einem Fondsmanager 1 Prozent pro Jahr vom angelegten Vermögen bezahlen, wenn dieser von Ideenlosigkeit berichtet und keine Investments tätigt? Politiker versprechen bei Wahlkämpfen auch oftmals mehr als die Realität, weil sie bei schlechten Aussichten keine Stimmen bekommen.

Dies mag ein Grund dafür sein, warum Bankmanager regelmäßig auf den Spitzenplätzen sind, wenn Bürger nach besonders wenig vertrauenswürdigen Berufen gefragt werden [35]. Gerade in Deutschland sind Bankmanager besonders unpopulär. Dass im Zuge der Bankenkrise von 2008 Banken mit Steuergeldern gerettet werden mussten und ihre Manager sogar noch mit Bonuszahlungen belohnt wurden, hat das Image der Branche endgültig ruiniert [36].

Bankiers haben also einen schlechten Ruf in Deutschland und vertuschen Probleme, um in der Öffentlichkeit gut dazustehen. Kein Wunder also, wenn es regelmäßig zu neuen Skandalen kommt. Behalten Sie im Hinterkopf: Nicht alles ist Gold, was glänzt. Seien Sie bei unrealistischen Versprechungen immer skeptisch.

II.5 Darum sollten wir mehr Gutes über Aktien hören

Die Wirtschaft wächst im Mittel von Jahr zu Jahr [37]. Ein großer Motor dabei sind Aktien, denn durch die Herausgabe von Aktien erhalten zahlreiche Unternehmen einfach und unkompliziert Kapital [38]. Dieses stecken sie in die Entwicklung der Wirtschaft und in Technologien, die sich dadurch fundamental auf unsere Lebensrealität auswirken.

Um die Veränderungen der wirtschaftlichen Lebensbedingungen überhaupt wahrzunehmen, müssen wir 200 Jahre zurückblicken. Besagte Veränderungen haben sich sehr langsam, dafür aber sehr konstant vollzogen [23]. Unter extremer Armut leidet nach Wissenschaftlern der Anteil der Menschen, die mit weniger als 2,15 US-Dollar täglich auskommen müssen [39]. Dieser Wert wird über langfristige Zeiträume an die Kaufkraft der jeweiligen Länder angepasst, sprich an die Frage, wie viele vergleichbare Waren man für eine bestimmte Summe der jeweiligen Währung erhält. Vor 200 Jahren lebte nur eine kleine Elite nicht in extremer Armut. Im Jahr 1950 lebten immerhin noch zwei Drittel der Menschheit in extremer Armut. Kürzlich fiel dieser Wert unter 10 Prozent. In den letzten Jahren sank die Anzahl der Menschen in extremer Armut täglich um über 100.000. Das wäre eigentlich eine schöne Schlagzeile. Aber weil diese Entwicklung sich allmählich vollzieht, hat das keinen Neuigkeitswert und darüber wird nicht berichtet.*

* In der Informationstheorie wird eine Nachricht definiert als eine »Information, die sich quantitativ als Signal und qualitativ als bedeutungstragendes Zeichen oder Zeichenfolge beschreiben lässt«. Graduelle Unterschiede sind hiernach nicht relevant [40].

Länder mit einem hohen Wohlstandsniveau haben sehr häufig auch einen starken Kapitalmarkt, also viele Aktionäre. Die Schweiz, Luxemburg oder Singapur zeigen dies besonders eindrucksvoll. Kleine Länder können nicht alles selbst produzieren und sind deshalb sehr auf internationalen Handel angewiesen [41]. Finanzströme fließen schneller als Güterströme und haben in diesen Ländern eine starke Börse geschaffen. Wenn Länder sehr viel Kapital anziehen, können damit viele unternehmerische Projekte gestartet werden. Auch wenn viele Projekte scheitern, gibt es dort dann einige sehr erfolgreiche Unternehmen. IT-Giganten sind viel wertvoller als Rohstoffe, aber ohne die Mitarbeiter wären die Computer dort nur IT-Schrott.

Diese Fakten zeigen eindrucksvoll, dass Aktien in einer sozialen, demokratischen und wirtschaftlichen Welt einen positiven Beitrag leisten und dass sie die Vorteile des Kapitalismus für alle zugänglich machen können [42].

II.6 Geschichte aus der Welt der Aktien

Es gibt an der Börse regelmäßig Fälle, wo Aktienkurse trotz sehr negativer Nachrichten stark steigen. Dies hat allerdings nichts mit dem fundamentalen Wert, also dem wirklichen Wert – das ist oft nicht der Kurs an der Börse – des Unternehmens zu tun, sondern liegt häufig an einem Ungleichgewicht von Angebot und Nachfrage. Verantwortlich sind hierfür vor allem sogenannte Short-Seller beziehungsweise Leerverkäufer. Dies sind Marktteilnehmer, die sich Aktien leihen und diese direkt verkaufen. Damit wetten sie auf fallende Kurse. Wenn der Kurs fällt, können sie die Aktie billiger zurückkaufen, dem Verleiher zurückgeben und auf diese Weise eine Rendite erwirtschaften. Diese Leerverkäufe werden oft von großen Anlegern getätigt.

2021 ist dies zu einer wahren Sensation geworden [43]. Das US-amerikanische Unternehmen GameStop vertreibt Computerspiele über Filialen, die während der Corona-Pandemie geschlossen bleiben mussten. Hedgefonds – dies sind besondere Fonds, die stark konzentriert in einzelne Aktien investieren können und dies häufig mit dem Einsatz von Fremdkapital verstärken – hatten massiv Leerverkäufe getätigt und dabei mehr Aktien verkauft, als überhaupt frei gehandelt wurden. Als dies auf Social-Media-Plattformen wie Twitter und Reddit (im Subreddit r/WallStreetBets) bekannt wurde, kauften Tausende Privatanleger die Aktie und trieben deren Kurs von 20 US-Dollar am 12. Januar auf über 480 US-Dollar am 28. Januar 2021. Der wesentliche Kursanstieg wurde allerdings durch einen sogenannten Short-Squeeze verursacht, weil viele Leerverkäufer ihre Positionen mit Rückkäufen schließen mussten. Sprich, die Leerverkäufer mussten ihre ausgeliehenen Aktien zurückgeben, daher mussten sie kaufen, koste es, was es wolle. Privatanleger der ersten Stunde konnten in diesen Short-Squeeze hinein verkaufen und hohe Gewinne erzielen. Privatanleger, die spät gekauft und die Welle für den Abverkauf verpasst hatten, verloren in kurzer Zeit allerdings stark, weil die Aktie nach dem Short-Squeeze um über 80 Prozent einbrach. Denn jeder Käufer wusste: GameStop war dadurch überbewertet.

Aufgrund des extrem hohen Ansturms hatten führende Online-Broker* wie Robinhood den Kauf der Aktie überraschend unterbunden. Lediglich der Verkauf war noch gestattet. Der Kursanstieg wurde gebremst, was die Verluste der Hedgefonds verringerte. Robinhood sah sich massiven Protesten ausgesetzt. Das Motiv für

---

* Ein Broker ist ein Vermittler, der im Auftrag von Kunden Finanzinstrumente wie Aktien, Anleihen, Devisen oder Rohstoffe kauft oder verkauft. Er agiert dabei als Mittelsmann zwischen Käufern und Verkäufern auf Finanzmärkten und erhält für seine Dienstleistungen meist eine Provision oder Gebühr.

die Einschränkung des Handels war jedoch nicht eine etwaige Sympathie mit Hedgefonds, sondern die schlichte Tatsache, dass Robinhood die immensen Gebühren für die Clearing-Stelle* – eine zentrale Buchführung aller Aktienbestände einer Bank – zur Abwicklung des Wertpapierhandels nicht mehr vorstrecken konnte. Dies ist durch die immense Anzahl an Transaktionen passiert. Weil die Gebühren erst nach Abwicklung des Geschäfts an den Broker fließen, gab es ein faktisches Limit.

Durch eine derartige Kursmanipulation können außenstehende Anleger geschädigt werden, weil die Preise kein richtiges Marktgleichgewicht darstellen. Wertpapieraufträge mehrerer Anleger auf diese Weise miteinander abzustimmen, ist in der Regel als Marktmanipulation strafbar. So können beispielsweise zwei Parteien den Kurs einer Aktie gegenseitig mit kleineren Käufen nach oben treiben und durch den Kursanstieg einen unbedarften Anleger zum Einstieg bringen. Kauft dieser Anleger dann eine hohe Stückzahl zum überteuerten Preis, hat sich diese Marktmanipulation für die beiden Straftäter finanziell gelohnt.

Auch wenn bei Gamestop viele Privatanleger erstmals Aktien kauften und gegen »böse Hedgefonds« gehandelt haben, musste die Börsenaufsicht einschreiten und den Fall aufarbeiten [44]. Im konkreten Fall hat allerdings die deutsche Aufsichtsbehörde BaFin eine Manipulation untersucht und verneint [45].

* Clearing ist ein Sammelbegriff für Saldierungs- und Aufrechnungsverfahren, die nach dem Wertpapierhandel im sogenannten Backoffice zu entsprechenden Buchungen in den Wertpapierdepots führen. Oftmals erfolgt dies erst am Ende eines Tages, sodass mehrere untertägige Transaktionen in der gleichen Aktie saldiert werden können.

II.7 Checkliste und To-dos

Checkliste

Ich habe gelernt, dass …

- ich **Nachrichten zu Aktien** immer **kritisch bewerten** sollte und berücksichtigten muss, aus welcher Quelle sie kommen.
- Nachrichten zu **negativen Ereignissen** überwiegen, weil sie deutlich **häufiger gelesen** werden als Berichte über positive Entwicklungen.
- **Einzelfälle** oft zu großen Geschichten werden und **Aktien signifikant beeinflussen** können.
- die meisten **Akteure** im Finanzsystem **zum Beschwichtigen verdammt** sind, weil sonst höhere Finanzierungskosten oder Geldabflüsse drohen und bei politischen Rollen auch Wähler abwandern.
- die **Welt** graduell und langfristig **besser wird**, was jedoch **fast nie** in den Nachrichten **erwähnt** wird.
- **Privatanleger** durch das Verfolgen von **Nachrichten** selbst gegen große Unternehmen **ankommen** können.

To-dos

In der nächsten Woche werde ich …

- darauf achten, wie in meiner Hauptnachrichtenquelle mehrheitlich über Aktien berichtet wird (positiv, neutral, negativ).
- eine weitere Nachrichtenquelle nutzen, die ich sonst nicht nutze, um eine andere Perspektive auf Wirtschaft und Börsengeschehen zu erhalten.
- nach mindestens drei positiven Aktiennachrichten suchen.

III.

WELCHE INFORMATIONEN ÜBER AKTIEN NÜTZLICH SIND UND WO SIE FÜNDIG WERDEN

Haben Sie sich schon einmal gefragt, warum so viele Menschen, die über Aktien reden, ihre Anlagetipps mit anderen teilen? Dies hat bei großen Investoren damit zu tun, dass sie eigene Interessen verfolgen. Jemand, der bereits die Siemens-Aktie gekauft hat und anderen von dieser Aktie vorschwärmt, schafft zusätzliche Käufer, die den Kurs und damit auch den Wert des eigenen Portfolios nach oben treiben. Aktienkurse bilden sich durch das Zusammenspiel von Angebot und Nachfrage. Gibt es mehr Nachfrager bei der Siemens-Aktie, steigt dadurch ihr Kurs. Bei der Auswertung von Finanzinformationen sollten Sie also immer die Interessenlage berücksichtigen und diese einordnen. Schließlich wollen Sie nicht auf billige Verkäufertricks hereinfallen.

III.1 Wo sollten Sie welche Informationen über Aktien abrufen?

Informationen zu Aktien sind einfach zu finden, weil die börsennotierten Unternehmen sie regelmäßig veröffentlichen müssen. Dabei sind die Veröffentlichungen standardisiert: Egal ob Bilanz, Gewinn- und Verlustrechnung oder Kapitalflussrechnung: Alle haben jedes Jahr das gleiche Format. Man spricht hier von »strukturierten Informationen«, die eine einfache Vergleichbarkeit sowohl mit anderen Aktien als auch mit der Aktie des jeweiligen Unternehmens im Zeitverlauf erlauben. Wer eine Aktie analysieren möchte, kann über entsprechende Datenanbieter genau diese Informationen bekommen. Solche professionellen Datenanbieter wie Bloomberg oder LSEG (Londoner Börse) sind jedoch nicht ganz billig. Hier werden schnell 2.500 US-Dollar für ein Monatsabonnement fällig. Glücklicherweise gibt es aber auch kostenlose Internetseiten, die relativ gute Auswertungen für Privatanleger erlauben.

Die erste Website in Deutschland, die sich auf fundamentale Aktienanalysen spezialisiert hat, ist Onvista. Hier finden Privatanleger kostenlose Filter-Möglichkeiten (»Screening«). Beim Screening werden bestimmte Filter gesetzt, um automatisch Aktien zu sehen, die den Kriterien entsprechen. So können Sie sich beispielsweise alle Aktien mit einer Rendite von mehr als 10 Prozent im letzten Monat anzeigen lassen oder alle Solar-Hersteller-Aktien. Wer sich eher für technische Aktienanalysen interessiert und Chartverläufe mit den zugehörigen Kennzahlen interpretieren möchte, findet bei Godmode Trader ein interessantes Angebot. Falls man jedoch die Weltspitze für Chartanalysen nutzen möchte, sollte man TradingView ausprobieren. Hier ist auch eine Community angeschlossen, in der sich sehr viele Wertpapierhändler (»Trader«) untereinander austauschen.

Für Freunde von Excel Tools bietet Google Finance eine Integration von dynamischen Daten in Google-Tabellen an. Nutzer können ihre Tabellenblätter mit jeweils aktuellen Aktien-Daten befüllen lassen und eigene Analysen erstellen.

Für alle kostenlosen Tools gilt allerdings: Es gibt keine Garantie, dass diese auch morgen weiterhin betrieben werden. Das sollten Sie berücksichtigen, wenn Sie sich auf einen solchen Dienst verlassen.

Neben diesen Rohdatenquellen gibt es auch schon fertig interpretierte Auswertungen: Berichte von Analysten. Für diese Informationen ist Seeking Alpha empfehlenswert. Die Plattform bietet unzählige Analysen, Interpretationen und Einschätzungen von Experten. Interessanterweise sehen Sie dort sogar, wie viele Nutzer einen Beitrag zu einer Aktie abonniert haben. Damit bekommen Sie einen Eindruck, wie hoch das Interesse an einem Unternehmen ist.

Name	**Website**	**Kosten**	**Inhalte**
Bloomberg Terminal	bloomberg.com/professional/products/bloomberg-terminal/	2.500 USD pro Monat [46]	Börsenkurse, Fundamentaldaten, OTC-Märkte, Nachrichten
LSEG (Londoner Börse) – z. B. Eikon oder Market Monitor	lseg.com/en/data-analytics	Ab ca. 100 EUR pro Monat	Börsenkurse, Fundamentaldaten, Nachrichten
Onvista	onvista.de	Gratis	Fundamentaldaten, Screening
Godmode Trader	godmode-trader.de	Gratis	Technische Analysen
TradingView	tradingview.com	Gratis	Technische Analysen
Google Finance	google.com/finance/	Gratis	Schnittstelle für Tabellen
Seeking Alpha	seekingalpha.com	Gratis	Analystenberichte und News

Sie sehen also: Es gibt eine ganze Reihe an Möglichkeiten, hochwertige Infos über Aktien zu erhalten.

III.2 Das Überangebot an Informationen

In den vergangenen 50 Jahren hat sich die Verfügbarkeit von Finanzinformationen durch Computer und Internet massiv verbessert [37], [47]. Der erfolgreichste Anleger aller Zeiten ist Warren Buffett mit seiner Beteiligungsgesellschaft Berkshire Hathaway, mit der er seit über 50 Jahren 21,6 Prozent Rendite p.a. (per annum, sprich pro Jahr) erwirtschaftet und damit den Standard & Poor's 500, einen US-Index, der gern als Maßstab für den Marktdurchschnitt herangezogen wird, um 11,7 Prozent-Punkte p.a. übertroffen hat [48]. Buffetts Erfolg und vor allem die Entwicklung der Überrendite im Vergleich zum Marktindex sind ein Spiegelbild der Verfügbarkeit von Finanzinformationen.

In seiner frühen Karriere in den 1950er-Jahren waren Börseninformationen nur schwer zu erlangen. Die wichtigste Informationsquelle für Warren Buffett war damals das Moody's Manual, eine Analyse von börsengehandelten Wertpapieren, die von John Moody erstmals 1900 und dann jeweils jährlich veröffentlicht wurde. John Moody gründete 1909 die Moody's Corporation, die Herausgeber des Manuals wurde. Später kamen die »Pink Sheets« des National Quotation Bureau hinzu. Sie lieferten Reports für alle in den USA gehandelten Unternehmen. Im Jahr 1981 gründete Michael Bloomberg seinen gleichnamigen Informationsdienst »Bloomberg«. Außerdem wandelte sich die Nachrichtenagentur Reuters durch ihren Terminal (eine Software, mit der man Informationen über Aktien erhält und aus der heraus man meist direkt Wertpapiere handeln kann) immer mehr zu einem IT-Konzern. Der Siegeszug von Terminals wie Reu-

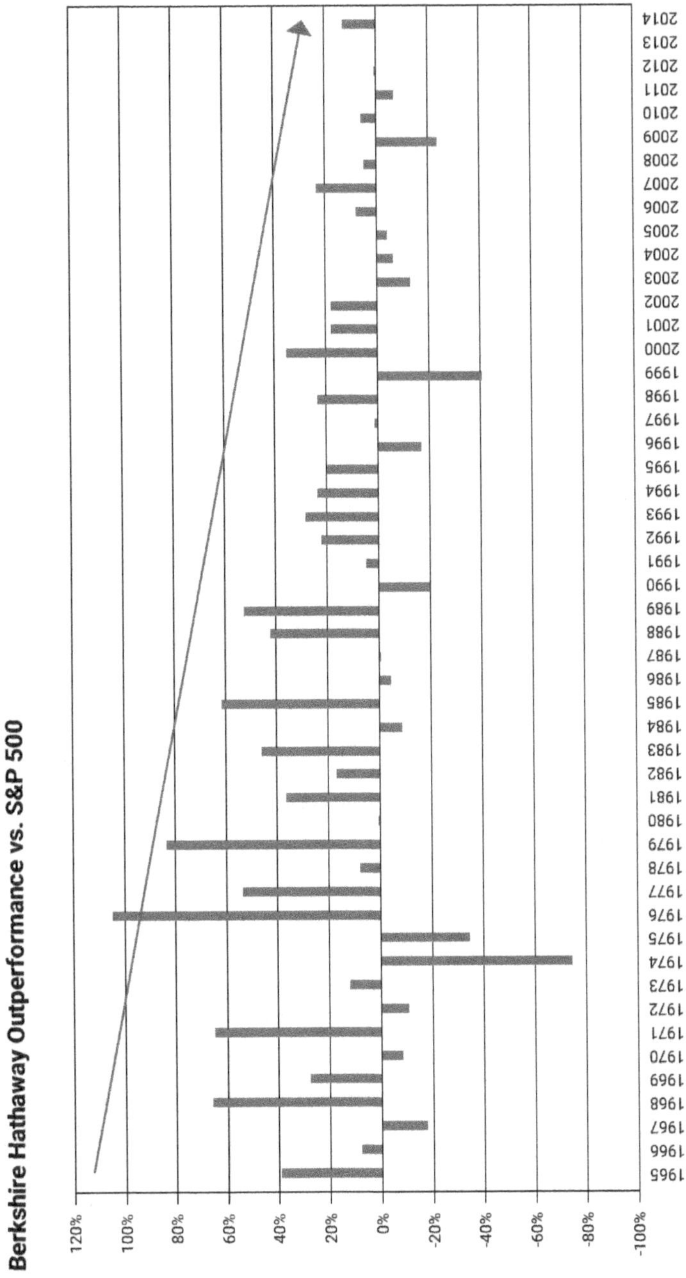

Abb. 3: Berkshire Hathaway Outperformance versus S&P 500

Quelle: eigene Darstellung, Daten aus REFINITIV

ters und Bloomberg führte zu einer immer weiteren Verbreitung von Finanzinformationen.

Während früher den Anlegern häufig zu wenig Informationen zur Verfügung standen, fühlen sie sich heute von der Masse überfordert. Es gibt täglich zahlreiche neue Daten, die zu häufigen Aktienkäufen und -verkäufen und damit zu hohen Transaktionskosten führen können. Oftmals sind die Nachrichten gar nicht so wichtig, als dass sie die hohen Transaktionskosten rechtfertigen würden. An der Börse weiß man eigentlich, dass dieses schnelle Reagieren auf jede Nachricht schädlich ist. Eine Börsenregel lautet daher: »Hin und her macht Taschen leer.« Deshalb sollten Sie jeweils genau prüfen, ob sich die angestrebte Transaktion lohnt.

Es empfiehlt sich also, anstatt immer und überall mitzulesen, Nachrichten über Alerts – die oft per E-Mails oder andere Benachrichtigungen eintreffen – zu filtern. Dadurch lenken Sie Ihre Aufmerksamkeit auf wichtige Kursmarken oder neue Bilanzdaten und werden nicht durch unnötigen Nachrichtenfluss verunsichert.

III.3 Vorsicht vor interessengeleiteten Informationen – Buy Side und Sell Side

Der Begriff »Buy Side« bezeichnet im Finanzbereich Marktakteure, die als Käufer agieren – sie verwalten Kapital und investieren es in verschiedene Anlageklassen. Ihre Hauptaufgabe besteht darin, Investmententscheidungen zu treffen, um Renditen für ihre Kunden zu erzielen. Zu diesen Kunden gehören meist institutionelle Investoren, Investmentfonds und Pensionskassen. Dagegen beschreibt die Bezeichnung »Sell Side« Marktteilnehmer, die die Finanzprodukte herausgeben, verkaufen oder den Handel damit erleichtern. Sie fungieren als Vermittler zwischen Investoren und den Märkten. Meist sind dies Geschäftsbanken oder Investmentbanken. Unterschiedliche Akteure haben unterschiedliche Interessen, weshalb man Informationen im jeweiligen Kontext verstehen muss.

Jede große Bank beschäftigt Analysten, die regelmäßig Analysen zu einzelnen börsennotierten Unternehmen veröffentlichen. Wenn ein Analyst der Deutschen Bank die Aktie BMW »heraufgestuft«* hat und dies der Öffentlichkeit kostenfrei meldet, macht er das nicht ohne eigene Interessen. Banken verdienen sehr viel Geld mit der Platzierung von Aktien und Anleihen einzelner Unternehmen, weswegen sie den Absatzkanal hierfür mit viel Research-Material bedienen [49].

Diese Analysten, die damit den Absatz von Aktien unterstützen, werden auch als Sell-Side-Analysten bezeichnet. Dass es hier an Neutralität fehlt, sieht man schon am Verhältnis von Kauf- und Verkaufsempfehlungen: Auf jede Verkaufsempfehlung kommen etwa fünf Kaufempfehlungen. Banken verdienen nämlich nur bei Kapitalerhöhungen der Unternehmen Geld, also beim Verkauf weiterer Aktien.

Neben den Sell-Side-Analysten gibt es auch Informationen für institutionelle Anleger, die oft die Buy Side darstellen: Sie kaufen im großen Stil Anlagen und benötigen daher bessere Informationen. Hier werden auch Fragen wie die Handelbarkeit großer Aktienblöcke erörtert. Wie kann ein Fonds in ein Unternehmen bestmöglich investieren, wenn die Anlage ein Vielfaches des Tagesvolumens beträgt? Und wie kann man verhindern, dass die Kaufabsicht bekannt wird und daher den Kurs nach oben treibt?

Als Letztes sollte noch erwähnt werden, dass jedes börsennotierte Unternehmen teure Investor-Relations-Abteilungen, sprich die Abteilung, die Investoren mit Informationen versorgt, beschäftigt. Ihr

---

* Mit »Herabstufen« ist gemeint, dass ein Analyst weniger stark zum Kauf oder sogar zum Verkauf des Finanzprodukts rät. Üblicherweise reicht die Skala von einer starken Kauf- zu einer starken Verkaufsempfehlung.

Ziel besteht darin, durch Steuerung von Markterwartungen Schwankungen im Börsenkurs zu verringern und damit die Finanzierungskosten für das Unternehmen zu senken. Je mehr Informationen ein Unternehmen bereitstellt, desto geringer ist der Risikoabschlag, den Investoren bei einer Investition einkalkulieren müssen. Kein Unternehmen hat Interesse daran, eine gute Nachricht dem Kapitalmarkt vorzuenthalten. Das Management wird durch die Aktionäre (indirekt über den Aufsichtsrat) gewählt und kontrolliert. Steigende Kurse sind im Interesse der Aktionäre und deswegen auch gut für das Management. Benötigt das Unternehmen weiteres Kapital, kann es sich dieses Geld im Zuge einer Kapitalerhöhung beschaffen.

Wenn Sie also als Privatanleger nach einem Geheimtipp für eine Aktienanlage fragen, sollten Sie immer wissen, dass eine ganze Industrie damit beschäftigt ist, Informationen zu sammeln und, vor allen Dingen, nach eigenem Interesse zu interpretieren.

III.4 Viele Informationen sind nutzlos – Die Hypothese von der Informationseffizienz

Neue Informationen veranlassen Marktteilnehmer zu Käufen und Verkäufen von Wertpapieren. Die Frage, welche Informationen bereits in den Kursen von Wertpapieren verarbeitet sind, wird seit fünf Jahrzehnten in der Finanzwissenschaft intensiv diskutiert. Der Nobelpreisträger Eugene F. Fama begründete 1970 die sogenannte Effizienzmarkthypothese oder auch Hypothese zur Informationseffizienz. Finanzmärkte gelten als effizient, wenn Informationen bereits in den Kursen der Wertpapiere abgebildet werden und niemand dauerhaft überdurchschnittliche Gewinne erzielen kann.

Fama unterscheidet drei Formen der Informationseffizienz. Bei der *schwachen* Informationseffizienz sind alle historischen Informationen in den Kursen verarbeitet. Die Charttechnik, bei der man Muster aus dem Kursverlauf herausliest, ist in so einem Fall wertlos. Bei der *mittelstarken* Informationseffizienz sind alle öffentlich verfügbaren Informationen bereits verarbeitet. Die Fundamentalanalyse, die alle Bilanzdaten des Unternehmens auswertet, ist in diesem Fall wertlos. Bei der *starken* Informationseffizienz sind alle Informationen in den Preisen bereits enthalten, in einem solchen Fall ist sogar der Insiderhandel* wertlos.

Es gibt in der Wissenschaft zahlreiche Studien zum Grad der Informationseffizienz. Es herrscht dabei weitgehende Einigkeit, dass eine starke Informationseffizienz nicht vorliegt. Regelmäßig gibt es nämlich signifikante Kursbewegungen, wenn wichtige Unternehmensmeldungen an den Markt kommen und viele Marktteilnehmer überraschen. Sanford Grossman und der Nobelpreisträger Joseph Stiglitz haben 1980 die theoretische Unmöglichkeit vollständiger Informationseffizienz begründet: Gemäß ihres Informationsparadoxons können Märkte deshalb schon nicht vollständig informationseffizient sein, weil dann die kostenintensive Informationsbeschaffung nicht über Kursgewinne finanziert werden könnte [50]. Würde sich die Informationsbeschaffung nicht mehr lohnen, könnten entsprechend gar keine Informationen in den Kursen verarbeitet werden.

Viele empirische Studien bestätigen jedoch die schwache und mittelstarke Informationseffizienz. Nachdem die Wissenschaft sich in den 1970er und 1980er-Jahren stark in Richtung Markteffizienz positioniert hatte, gab es viele Stimmen, die den Anlageerfolg von Warren Buffett als reinen Zufall beschrieben haben. Buffett, der seit den

---

* Von Insiderhandel spricht man, wenn Unternehmensinsider Informationen für ihren eigenen Handel verwenden und diese außenstehenden Personen nicht zur Verfügung stehen. Seit 1994 ist Insiderhandel in Deutschland nach § 119 des Wertpapierhandelsgesetzes (WpHG) verboten und wird seit 2014 durch die Marktmissbrauchsverordnung der Europäischen Union ergänzt. In den USA gibt es vergleichbare Regeln, die den Insiderhandel verbieten.

1950er-Jahren und bis heute im Mittel mehr als 20 Prozent Rendite p.a. erzielt hat und damit den breiten Marktindex S&P 500 um über 11 Prozentpunkte p.a. übertroffen hat, sei rückblickend schlichtweg derjenige, der überlebt hat. In der Nachschau muss es immer jemanden geben, der alles richtig gemacht hat. Dies ist bei einem so langen Zeitraum jedoch äußerst unwahrscheinlich.

Warren Buffett betont immer, dass sein Erfolg lediglich das Ergebnis kontinuierlicher und konsequenter Anwendung der Prinzipien von Value Investing sei. Diese Investmentphilosophie stammt von seinen akademischen Mentoren Benjamin Graham und David Dodd, welche im Buch *Security Analysis* beschrieben wird [51]. Die Idee des Value Investing wird später im Buch in Kapitel VII erklärt. Alle Freunde und Bekannten von Buffett, die sich dieser Idee verschrieben hatten, haben ähnliche Investment-Ergebnisse erzielt.

Sie sehen also: Historische Informationen sind oft schon im Preis enthalten. Finden Sie hingegen gute neue Informationen, könnten Sie es im besten Fall Warren Buffett gleichtun.

III.5 Nützliches Wissen ist der Schlüssel

Warren Buffett sagte einst: »We don't get paid for activity, just for being right.«* Weil Fondsmanager pro Zeit und verwaltetem Vermögen bezahlt werden, sehen sie sich ständig in der Erwartungshaltung, Anlageentscheidungen treffen zu müssen. Allerdings richtet sich die Börse nicht nach einzelnen Fondsmanagern, die Aktivität nachweisen müssen. Chancen kommen, wenn »die Chancen das wollen«, und nicht,

* Echte Investoren – nicht zu verwechseln mit Fondsmanagern – werden nicht für Aktivität bezahlt, sondern nur, wenn sie mit ihrer Entscheidung recht haben. Dieses Zitat stammt von der Hauptversammlung von Berkshire Hathaway aus dem Jahr 1998 [52].

weil jemand gerade Geld investieren muss. Diese Tatsache ist besonders wichtig für Privatanleger, die anders als Investmentfonds keinen Rechtfertigungsdruck gegenüber irgendwelchen Anteilseignern haben.

Menschen überschätzen das Tun und unterschätzen das Nichtstun. Dieses Verhalten ist ein Relikt aus der Steinzeit. Wenn ein Jäger und Sammler damals keine Aktivität an den Tag legte, erzielte er keine Beute. Durch bloßes Nachdenken wäre man in der Steinzeit verhungert. Heutzutage werden Analyse und Unabhängigkeit dagegen belohnt. In der Verhaltensforschung wird der Hang des Menschen zum Aktionismus oft als Handlungsneigung (»Action Bias«) bezeichnet. Torhüter bleiben beispielsweise bei einem Elfmeter sehr selten in der Mitte stehen, sondern springen in die Ecken. Dabei haben die Torhüter gerade in der Mitte laut einer wissenschaftlichen Auswertung die besten Chancen, den Elfer zu halten [53]. Menschen brauchen das Gefühl, aktiv etwas zur Lösung eines Problems beitragen zu können.

Aktivität, die kein neues Wissen verarbeitet und nur Transaktionskosten verursacht, ist schädlich für das Anlageergebnis. Ein bekanntes Zitat von Warren Buffetts Kompagnon Charlie Munger lautet: »Big money is not in buying and selling … but in waiting.« Am Ende verdienen Anleger durch das Halten Prämien für Risiken, die sie besser eingeschätzt haben als der Markt. Warum genau Aktienanleger eine Risikoprämie verdienen, wird in Kapitel V.1 gezeigt.

III.6 Geschichte aus der Welt der Aktien

Oftmals sind für den Erfolg an der Börse bereits kleine Details entscheidend, die viele Leute nicht sehen, weil sie nur dem Mainstream folgen oder ihnen schlichtweg das Wissen fehlt.

Der Eurotunnel bietet ein passendes Beispiel hierfür [54]: Er liegt unter dem Ärmelkanal und verbindet mit über 50 Kilometern Länge

Frankreich mit Großbritannien. Die Betreibergesellschaft wurde 1986 als Groupe Eurotunnel gegründet und im November 2017 in Getlink umbenannt. Zur Finanzierung gab das Unternehmen Aktien aus. Aus politischen Gründen sollten die Aktien sowohl in London als auch in Paris gehandelt werden und hierfür zwei unterschiedliche Wertpapierkennnummern erhalten. Dies ist normalerweise nicht üblich. Weil das Projekt sehr groß war, investierten weltweit zahlreiche Fondsmanager. Die Passagierzahlen blieben jedoch weit hinter den Erwartungen zurück, weswegen die Betreibergesellschaft wirtschaftliche Probleme bekam und 2006 kurz vor der Insolvenz stand. Im Zuge der Krise wurde die Londoner Börsennotierung aufgegeben. Das Unternehmen sollte sich auf Paris konzentrieren, weil ein Pariser Handelsgericht der hochverschuldeten Betreibergesellschaft Gläubigerschutz zusprach und damit die Insolvenz abwendete. Zur Einstellung der Londoner Notierung in zwei Wochen bekamen alle weltweiten Investoren eine Wertpapiermitteilung. Der Aktienkurs brach auf 30 Cent ein, obwohl die Aktien in Paris noch mit 80 Cent gehandelt wurden. Wie kann ein solcher Unterschied zwischen zwei Börsenplätzen entstehen?

Anleger sahen schnell, dass Wertpapiere aus London mit einer britischen ISIN-Kennung (»International Security Identification Number«), sprich der internationalen Wertpapierkennummer, technisch nicht in Paris verkauft werden konnten, weil dort nur Papiere mit französischer ISIN gehandelt wurden. Man konnte die Wertpapiere jedoch umschreiben lassen, was aber länger dauerte und vielen Anlegern auch gar nicht bewusst war. Die frustrierten weltweiten Fondsmanager schlossen daher ihre Verlustposition in London. Wer sich für die technischen Details interessierte, konnte wie die Sterntaler-Marie herunterfallende London-Aktien einsammeln, sie mit etwas Arbeit in Paris-Aktien tauschen und sie dort zum doppelten Preis verkaufen.

Sie sehen also: Wer den Markt besser versteht als andere, kann einen ordentlichen Profit machen.

III.7 Checkliste und To-dos

Checkliste

Ich habe gelernt, dass…

- es viele **kostenlose** semi-professionelle **Informationstools,** aber auch kostenpflichtige professionelle Angebote dieser Art gibt.
- durch das **Internet** umfangreiche **Börseninformationen** für **Privatanleger** zugänglich werden.
- die meisten **Empfehlungen** von professionellen Marktteilnehmern **interessengeleitet** sind und mit **Vorsicht** konsumiert werden sollten.
- die meisten **Informationen** bereits in den **Kursen verarbeitet** sind, weswegen es schwierig ist, tatsächlich neue Informationen zu finden und gewinnbringend auszunutzen.
- Aktivität an der Börse systematisch überschätzt wird: Oft ist **Nichtstun erfolgversprechender.**
- ich durch ein hohes **Verständnis** der **Börsenmechanik Gewinne** erzielen kann, wie das Beispiel des Eurotunnels zeigt.

To-dos

In der nächsten Woche werde ich …

- mir eines der Informationstools genauer anschauen und eine Aktie damit verfolgen.
- Empfehlungen meiner Bank für Aktien anschauen und überlegen, was die Interessen der Bank hierbei sein könnten.

IV.

SOLLTEN SIE SELBST AKTIEN KAUFEN ODER AKTIEN VON PROFIS KAUFEN LASSEN?

Soll ich als Anleger Aktien selbst kaufen oder ist es klüger, dies den Profis zu überlassen und mein Geld anderen anzuvertrauen?

Hierzu müsste man wissen, ob Profis tatsächlich bessere Anlageergebnisse erzielen als man selbst. Das ist eine sehr individuelle Frage und kann nur von jedem persönlich beantwortet werden. Selbstbewusste Leser dieses Buches dürften dies bejahen. Unabhängig von der eigenen Einschätzung ist die Auswahl von Aktien jedoch mit viel Arbeit verbunden und wird deswegen oft ausgelagert. [55]

IV.1 Fonds, Indizes und ETFs – fremdgesteuerte Aktienanlagen

Grundsätzlich kann man unterscheiden zwischen Fonds, Indizes und ETFs. Alle drei Begriffe wollen wir zunächst kurz erläutern.

Ein **Fonds** ist eine Art Topf, in dem das Geld vieler Anleger steckt. Es wird an einen professionellen Fondsmanager zur Verwaltung gegeben. Damit kauft dieser Aktien, Anleihen oder komplexe Finanzprodukte, die oft eine Mischung daraus darstellen. Die Anleger des Fonds halten Anteile an diesem Pool von Vermögenswerten und partizipieren an den Gewinnen und Verlusten des Fonds. Hierfür fallen Fondsgebühren an, die in der Regel einen jährlichen fixen Betrag und einen variablen Gewinnanteil beinhalten – daher muss die Rendite entsprechend hoch sein, damit ein Fonds sich rentiert.

Bei einem **Index** handelt es sich um eine Zusammenstellung von Aktien oder anderen Vermögenswerten, die bestimmte Eigenschaften gemeinsam haben. Wie ein Fonds enthält ein Index eine Gruppe von Wertpapieren. Allerdings wird der Index nur zu statistischen Zwecken als Vergleichsmaßstab berechnet. Ein Index kann beispielsweise aus den 30 größten börsennotierten Unternehmen in einem bestimmten Land (wie dem Dow Jones Industrial Average in den USA) oder aus den ca. 1500 größten Unternehmen weltweit (wie dem MSCI World Index) bestehen.* Indizes werden oft als Benchmark verwendet, sprich als Vergleichsmaßstab, um die Performance von Fonds oder anderen Anlageinstrumenten zu messen. Eine Benchmark ist die für den jeweiligen Fonds relevante Vergleichsgröße. Ein Fondsmanager, der in seinem Fonds US-amerikanische Aktien kauft, sollte beispielsweise mehr Rendite als der Dow Jones Industrial Average Index erwirtschaften. Sonst könnten die Anleger stattdessen einfach die Indexzusammenstellung kaufen und dabei die Fondsgebühren sparen. Die wichtigsten Anbieter von Indizes sind MSCI, FTSE Russell und S&P.

---

* Im MSCI World Index ist die Anzahl der Aktien nicht fest. Ende November 2023 betrug die Anzahl 1509 [56].

Ein **ETF** (»Exchange Traded Fund«) ist ein börsengehandelter Fonds, der wie ein Aktieninvestment an der Börse ge- und verkauft werden kann. Ein ETF bildet normalerweise einen bestimmten Index nach und enthält eine Vielzahl von Vermögenswerten genau in der Zusammensetzung, wie sie auch im Index vertreten sind. Der Vorteil eines ETFs gegenüber einem Fonds ist, dass er in der Regel günstiger ist und jederzeit an der Börse gehandelt werden kann. Damit ist er die kostengünstigste Möglichkeit, etwa in ganze Märkte zu investieren.

Wofür sollten Sie sich also entscheiden? Es kommt ganz auf Ihre Präferenzen an. Falls Sie einen aktiv gemanagten Fonds wählen, muss der Fondsmanager äußerst effektiv sein. Man spricht in diesem Zusammenhang von einem »aktiven Investment«, weil der Fondsmanager ständig neue Aktien kaufen und verkaufen muss. Dabei muss er nicht nur möglichst die Aktien auswählen, die sich besser entwickeln als der Markt, sondern auch eine Überrendite gegenüber dem Vergleichsindex erwirtschaften, die die Fondskosten wieder hereinholt. Den größten Kostenblock stellen die Manager selbst dar, die sich ihre Dienstleistung meistens nach Zeit und in Abhängigkeit vom Fondsvolumen bezahlen lassen. Obwohl die Zinsen und auch die Renditen von vielen Fonds seit Jahren sinken, ist die Verwaltungsvergütung der Fondsmanager erstaunlich konstant geblieben. Es ist nicht selten, dass Aktienfonds den Anteilseignern jährlich 1,5 Prozent des Fondsvolumens oder noch mehr als Kosten abknöpfen. [57]

Ein Investment in Indizes wäre die einfache Alternative, die jeder auch ohne großen Zeitaufwand für sich wählen kann. Entscheidet man sich für diese Indizes, liegt ein »passives Investment« vor, da keine eigenen Auswahlentscheidungen getroffen werden (bis auf den Index). Seitdem es Indizes auch als börsenhandelbare Fonds in Form von ETFs gibt, kann sie jeder Privatanleger bequem kaufen. Besonders beliebt sind der MSCI World und der S&P 500, da diese versuchen, die Weltwirtschaft beziehungsweise die US-Wirtschaft abzubilden, welche, wie in Kapitel 2 beschrieben, konstant und recht verlässlich wachsen.

Was sagt die Forschung zu Index-Investments? Der Wirtschaftsnobelpreisträger Paul Samuelson schrieb 1974 in seinem provokativen Artikel »Challenge To Judgement« im *Journal of Portfolio Management* [58], dass ein Fonds, der nur den Index nachbildet, langfristig für Anleger die beste Lösung sei. Fondsmanagern sei es nur schwer möglich, Aktien zu finden, die den breiten Markt übertreffen. John Bogle griff diese Idee 1976 auf und gründete die Investmentgesellschaft Vanguard, die ausschließlich kostengünstige Indexfonds anbietet. Sein Leitsatz »Suchen Sie nicht die Nadel, kaufen Sie den Heuhaufen!« wurde von der Finanzindustrie belächelt. Heute ist Vanguard mit einem verwalteten Vermögen von 8,6 Billionen US-Dollar (Stand: 2024) [59] nach BlackRock (10,5 Billionen Dollar) [60] der zweitgrößte Vermögensverwalter der Welt. Am 31. August 1976 gründete Bogle den Vanguard 500 Index Fund, der den S&P 500 Index nachbildet. Der Fonds kauft alle Indexwerte entsprechend ihrer Gewichtung im Index und erzielt deshalb die gleiche Rendite (abzüglich sehr geringer Kosten). Mit einem Volumen von 1,37 Billionen Dollar (Stand: 18. Dezember 2024) ist das heute der größte Aktienfonds der Welt.

Dieser Erfolg zeigt, dass mehrheitlich in Indizes, die an der Börse gehandelt werden, also ETF-Indizes, investiert wird. Vielleicht wäre dies auch ein Modell für Sie? Immer dann, wenn Sie keine sehr fundierte Kenntnis über einzelne Aktien haben oder Ihnen die Zeit fehlt, sich intensiver mit Einzelaktien zu beschäftigen, ist eine Anlage in einen ETF bereits eine sehr gute Alternative.

IV.2 Selbst Aktien und Indizes suchen

Die allerwenigsten Vermögensverwalter sind so gut, dass sie ihre doch nicht unerheblichen Kosten von oftmals über 1 Prozent der Anlagesumme pro Jahr erwirtschaften. In Kapitel X wird gezeigt, dass viele gegen ihre kostenfreie Vergleichsanlage (die sogenannte Benchmark) verlieren.

Gleichwohl müssen Sie sich bewusst sein, dass die Auswahl von Aktien keine Einmalaufgabe ist. Sie müssen regelmäßig Nachrichten zu Ihren Aktien verfolgen und prüfen, ob sich etwas fundamental verändert. Nur wenige Nachrichten sind tatsächlich relevant und erfordern ein Handeln, aber genau diese wichtigen Ereignisse müssen Sie herausfiltern. Bei der Abwägung der Entscheidung, ob Sie selbst Aktien auswählen, sollten Sie sich deswegen im Klaren darüber sein, dass Sie die Zeit und – oftmals wichtiger – die Nerven dafür haben müssen. Darüber hinaus müssen Sie auch das nötige Verständnis mitbringen – Fondsmanager haben hierfür eine jahrelange Ausbildung absolviert. Nichtsdestotrotz können sie auch ohne dieses vertiefte Fachwissen erfolgreich an der Börse handeln.

IV.3 Performance von Fondsmanagern

Hat ein Fondsmanager durch sein Können oder nur durch Glück ein besonders gutes Anlageergebnis erzielt? Die Beurteilung der Leistung eines Fondsmanagers ist gerade wegen des hohen Einflusses von Zufall schwierig. Ein noch so guter Fondsmanager kann Pech haben, weil unvorhergesehene Ereignisse eintreten. Beispielsweise sind nach der Nuklearkatastrophe von Fukushima vor allem Aktien von Energieunternehmen gefallen, die Atomreaktoren betreiben. Fondsmanager, die in solche Aktien investiert hatten, waren trotz sorgfältiger Analyse besonders von Verlusten betroffen. Dieser Einfluss von Zufall gilt besonders bei kurzfristigen Zeiträumen, weil sich langfristig Glück und Pech ausgleichen. In der Wissenschaft gibt es deshalb zahlreiche Ansätze, um die Performance von Fondsmanagern unabhägig von solchen singulären Ereignissen zu bewerten.

Eine Performance-Messung erfolgt meistens anhand eines Vergleichs mit einer Benchmark. Im Zuge der sogenannten Performance-Attribution, einer Aufschlüsselung der gemessenen Performance, wird gezeigt, ob der Fondsmanager zur richtigen Zeit in der richtigen Anlageklasse investiert war (Timing) oder ob er innerhalb einer Anlageklasse die besten Titel ausgewählt hat (Selektion).

Veranschaulichen wir dies an einem Beispiel. Ein Fonds besteht aus zwei Anlagebereichen: der Kasse und den Wertpapieren. Wenn in der Kasse 100 Geldeinheiten sind und nun die Benchmark für den Fonds um 10 Prozent steigt, spricht man von einem Timing-Fehler. Denn in der Kasse bringt das Geld nichts, wäre es hingegen in Wertpapiere investiert gewesen, hätte es 10 Prozent Rendite erwirtschaftet. Falls die Benchmark im gleichem Zeitraum jedoch gefallen wäre, handelt es sich um passendes Timing: Durch den Verzicht auf Wertpapierkäufe hat der Fondsmanager den Anteilseignern Verluste erspart. Bei der Wertpapierauswahl gibt es eine ähnliche Logik: Wählt der Fondsmanager für 100 Geldeinheiten Aktien aus und diese bleiben konstant bei 100 im Wert, handelt es sich um einen Selektionsfehler, sofern die Benchmark im gleichen Zeitraum steigt. Der Fondsmanager hätte jedoch seine Befähigung unter Beweis gestellt, wenn die Benchmark im gleichen Zeitraum gefallen wäre. Dann hätte er seine gute Selektionsfähigkeit belegt.

Besonders interessant ist die Frage, ob Fondsmanager, die gestern überdurchschnittlich gute Ergebnisse erzielt haben, auch morgen überdurchschnittlich gute Ergebnisse erzielen werden. Die meisten Studien zeigen, dass dies für eine gewisse Zeit tatsächlich der Fall ist – dies bezeichnet man als Persistenz. Begründet wird dies dadurch, dass Aktien in einem Trend meist kurzfristig noch gut laufen. Dieser sogenannte Momentum-Effekt funktioniert allerdings nur bis zu einer Trendumkehr. Mittel- und langfristig sehen die Ergebnisse deutlich schlechter aus. Fondsmanager wetten nämlich oft auf bestimmte Faktoren und schichten am Höhepunkt des Geschehens das Portfolio nicht entsprechend um – sie überschätzen sich oft selbst, wie so viele Menschen. Wer etwa ein Portfolio hält, das stark vom Ölpreis profitiert, muss auch entsprechende Kursverluste hinnehmen, wenn sich dieser Faktor wieder an sein langfristiges Mittel anpasst. Das ist in der Finanzwissenschaft bekannt als »Reversion to the Mean« (Rückkehr zum Mittelwert). [61]

Behalten Sie also bei Fondsmanagern immer die provozierende Frage im Hinterkopf: »If you're so smart, why aren't you rich? Wissen allein reduziert zwar das Risiko, allerdings lässt sich das Risiko niemals komplett ausschließen.

IV.4 Finanzen in anderen Händen bieten Potenziale und Gefahren

Wenn man bei der Aufarbeitung von Betrugsfällen im Bereich der Geldanlage von der Vorgehensweise der Betrüger erfährt, wundert man sich oft über die Dummheit der Anleger. Meist startet es mit einer Nachricht über WhatsApp, Instagram oder Co.: Ein alter Schulfreund meldet sich und erzählt, wie er angeblich das große Geld mit Kryptowährungen oder anderen Anlagegeschichten gemacht habe. Der Empfänger müsse nur schnell investieren und bekomme viel Geld in wenigen Tagen zurück. Dieses bloße Versprechen hoher Renditen reicht oft aus, um die Gier der Leute anzusprechen. Der Geldnerv im Gehirn wird aktiviert. Können solche Renditen dann nicht erwirtschaftet werden, greift der Schulfreund eben auf die Anlagemittel neu angeworbener Investoren zurück. Sprich, es werden weitere Geldgeber angeworben, um die Renditeversprechen zu erfüllen. Ein solches illegales Schneeballsystem funktioniert eine Zeit lang, bis irgendwann der Zustrom neuer Gelder ausbleibt.

Es gibt aber auch ausgefeiltere Betrugsmaschen, die nur sehr schwer nachvollziehbar sind. Ein besonders gewichtiger Fall ist eine »bedingte konsekutive Kommunikation von Prognosen«. Was damit gemeint ist, soll im Folgenden an einem Beispiel dargelegt werden [62]: Ein total unfähiger Berater sagt 5.120 Anlegern, dass der deutsche Leitindex DAX morgen steigen wird. Weiteren 5.120 Anlegern sagt er einen fallenden Markt voraus. Am zweiten Tag teilt er die Gruppe, denen er eine richtige Empfehlung gegeben hat, wieder in zwei Teile auf. Jetzt erhalten 2.560 Anleger eine steigende und 2.560 Anleger eine fallende Prognose. Wird dieses Spiel entsprechend wiederholt, gibt es nach zehn Durchläufen fünf Personen, die konsekutiv zehn richtige Prognosen erhalten haben. Sie werden ihm ihr Vermögen anvertrauen, weil er der Einzige ist, der ihnen jemals zehnmal hintereinander die Zukunft richtig vorhersagen konnte. Im Internetzeitalter ist ein solcher Betrug über E-Mails ganz leicht umsetzbar. Die enttäuschten Personen wissen nichts voneinander und können sich nicht abstimmen. Diese Verzerrung wird oftmals auch als »Outcome Bias« bezeichnet.

Der Autor Rolf Dobelli zeigt in seinem Buch zu menschlichen Denkfehlern das Beispiel mit 1.000 Affen, die mit Dart-Pfeilen auf eine Aktienliste werfen und dabei nach dem Zufallsprinzip auswählen, welche gekauft werden. Etwa die Hälfte wird Gewinne einfahren, die andere Hälfte Verluste. Jedes Jahr wird die Hälfte aus dem Spiel entfernt, die Verluste gemacht hat, bis am Schluss nur noch ein Affe übrig ist. Dieser Superaffe hatte dann vermeintlich immer recht. Auch hier stellt sich die Frage, ob die Menschen diesem Affen und seinen vermeintlich klugen Entscheidungen folgen. Vermutlich ist die Dummheit von Menschen dann doch nicht groß genug, um das eigene Vermögen einem Dart spielenden Affen anzuvertrauen.

IV.5 Diese Faktoren sollten Sie bei Ihrer Entscheidung berücksichtigen

Ob Sie nun die Aktienanlage an einen Vermögensverwalter delegieren oder sich selbst dem Thema widmen, hängt von folgenden drei Faktoren ab:

1. **Verfügbare Zeit zum Informieren:** Grundsätzlich ist die Kapitalanlage eine Arbeit, auch wenn sie keine physischen Ergebnisse bringt und oftmals Nichtstun die richtige Strategie ist. Deswegen brauchen Sie Zeit. Meist reichen wenige Stunden pro Woche. Sie müssen aber immer Ihre Aktien verfolgen und gegebenenfalls handeln, wenn sich die Parameter verändern.
2. **Nötiges Wissen aneignen:** Informationen sind oftmals mit Interessen verbunden. Deswegen benötigen Sie ein gesundes Misstrauen und sollten sich immer eine eigene Meinung bilden können. Gleiches gilt bei der Auswahl eines Vermögensverwalters, der jedoch erhöhte Kosten mit sich bringt.
3. **Eigenen Pragmatismus entwickeln:** Vermutlich der wichtigste Faktor ist eine gewisse emotionale und fachliche Distanz. Wie Sie in den vorherigen Kapiteln gesehen haben, gibt es viele emotionale Fallstricke für suboptimale Entscheidungen. In Kapitel VIII zeigen wir typische irrationale Fehler, die Menschen beim Aktienhandel begehen – ein Beispiel hierfür wäre der Home Bias. Dieser besagt, dass Anleger übermäßig stark in ihrem Heimatland investieren und dadurch ein unnö-

tiges Risiko tragen. Dies ist nur einer von vielen Bias-Arten* denen Menschen unterworfen sind, vor allem, wenn der kühle Kopf anfängt, sich zu erhitzen.

Treffen diese Faktoren nicht auf Sie zu und erscheint Ihnen ein Vermögensverwalter zu teuer, empfehlen wir, den Standardansatz zu verfolgen: Investieren Sie das für Investments vorgesehene Geld in den MSCI World oder den S&P 500 (je nach besserer Gebühr). Parken Sie es dort für einen längeren Zeitraum (mindestens zehn Jahre), würden Sie – nach allen aktuellen Erkenntnissen der Finanzwissenschaft – die bestmögliche Rendite für den geringstmöglichen Aufwand erzielen [65], [66].

Gleichgültig, wie Sie sich entscheiden, der weitere Verlauf des Buches zeigt Schritt für Schritt, wie diese Investmentansätze in die Tat umgesetzt werden: vom Timing, über die Gebühren bis hin zum konkreten Kauf. Es ist wie mit der Reise in den Urlaub: Nur weil man sich für ein Ziel entschieden hat, ist man noch lange nicht da.

IV.6 Geschichte aus der Welt der Aktien

Im Jahr 1983 gründeten 16 Frauen im Durchschnittsalter von 70 Jahren den »Beardstown Business and Professional Women's Investment Club«. Die nach ihrer Heimatstadt im US-Bundesstaat Illinois benannten »Beardstown Ladies« waren es leid, von ihren Männern bei finanziellen Entscheidungen belächelt zu werden. Die Damen erlangten 1995 weltweite Berühmtheit, als sie ihr Buch vermarkteten: *The Beardstown Ladies' Common-Sense Investment Guide: How We Beat the*

* In der Literatur beschreibt der Begriff »Bias« kognitive Verzerrungen bzw. irrationales Verhalten von Marktteilnehmern [63], [64]. Mehr dazu können Sie in Abschnitt VIII.1 lesen.

Stock Market – And How You Can Too. Nach eigenen Angaben erzielten sie 23,4 Prozent Rendite pro Jahr und schlugen damit jeden Index um Längen. Die Geschichte der alten Ladies, die jeden Finance Professional an der Wall Street vor Neid erblassen lässt, verkaufte sich weltweit über 1,1 Millionen mal. Ihre Überrendite begründeten sie mit der Tatsache, dass sie nur Aktien von Unternehmen kaufen, die sie verstehen, deren Produkte sie selbst nutzen und deren Preis gerade günstig sei. Überhaupt basiere ihr Investment-Club auf den »3 E« – Enjoyment (»Spaß«), Education (»Bildung«) und Earnings (»Gewinne«).

Die wunderschön aufpolierte Geschichte bekam leider Kratzer, als die Wirtschaftsprüfungsgesellschaft PricewaterhouseCoopers ein Audit durchführte und die tatsächlich erzielten Renditen auf 9,1 Prozent pro Jahr nach unten korrigierte. Die Aussage der Beardstown Ladies beruhte auf einem angeblichen Formelfehler. Damit lagen auch sie unter dem S&P 500 Index und mussten sich bei einer breiten Öffentlichkeit entschuldigen. Ihr Verlag Hyperion wurde anschließend mit Klagen konfrontiert und bot in einem Vergleich an, das Buch der Beardstown Ladies gegen andere Bücher aus dem Verlag zu tauschen. [67]

IV.7 Checkliste und To-dos

Checkliste

Ich habe gelernt, dass …

- es **Fonds, Indizes** und **ETFs** gibt und worin sich diese unterscheiden.
- ich mich **selbst** um meine Aktienanlage **kümmern** kann, entweder durch eine komplett **eigene Strategie** oder den Kauf von **Indexfonds.**
- **Fondsmanager** oft kurzfristig sehr gut arbeiten, allerdings **langfristig** fast immer wieder zum **Durchschnitt** zurückkehren (»Mean Reversion«).
- ich bei Erzählungen von einer herausragenden Rendite immer **skeptisch** bleiben sollte (Geschichte vom Outcome Bias).
- **Zeit, Wissen** und **Emotionalität** berücksichtigen muss, bei der Entscheidung, ob ich **selbst** mein Vermögen verwalten möchte.
- die alten Ladies mit ihrer frechen Behauptung zunächst weltweiten **Ruhm** erfuhren und 1,1 Millionen Bücher verkaufen konnten, bevor ihre **Geschichte** durch **Wirtschaftsprüfer** widerlegt wurde.

To-dos

In der nächsten Woche werde ich …

- mich entscheiden, ob ich selbst mein Vermögen verwalten oder jemanden damit beauftragen möchte.

V.

VERSCHAFFEN SIE SICH KENNTNIS ÜBER DEN MARKT, BEVOR SIE AKTIEN KAUFEN

Die Börse ist ein Markt, bei dem der Aktienkurs eines Unternehmens durch Angebot und Nachfrage bestimmt wird. Käufer und Verkäufer von Aktien senden ihre **Orders** (Aufträge) an die Börse, wo sie im sogenannten Orderbuch preislich sortiert werden. Sobald es eine Überschneidung von **Bid** (Geldkurs beziehungsweise Verkaufsangebot) und **Ask** (Briefkurs beziehungsweise Kaufangebot) gibt, wird eine Transaktion ausgeführt und ein neuer Handelspreis veröffentlicht.

Fragt man Personen nach dem fairen Wert für eine Aktie, wird man viele unterschiedliche, aber immer subjektive Meinungen hören. Am Ende hat aber niemand außer dem Markt recht. Das Interessante an der Börse ist die Tatsache, dass jedem optimistischen Käufer einer Aktie ein pessimistischer Verkäufer der gleichen Aktie gegenübersteht. Wer glaubt, dass eine Aktie eine besonders tolle Zukunft hat, muss jemanden finden, der dies anders sieht. Eine Ausnahme gibt es: Verkäufer benötigen in einigen Fällen schlichtweg Geld, und dann verkaufen sie die Aktie unabhängig von ihrer Markteinschätzung.

Aber wie bewertet man eine Aktie richtig? Es gibt unterschiedliche Ansätze, um den Aktienwert zu bestimmen. Die Börse ist sehr komplex. Die Kursbildung dort beruht auf den unzähligen Entscheidungen Einzelner: Nicht umsonst wird oft gesagt, dass das Börsengeschehen zu einem großen Teil von der Psychologie bestimmt wird. Es geht also um die Frage, wie Menschen auf Wahrnehmungen reagieren. Zu verstehen, wie Menschen denken und handeln, ist daher der Schlüssel zum Erfolg. Manche Menschen errechnen Modelle, andere folgen dem Trend und wiederum andere kaufen Unternehmen, deren Produkte sie kennen. Welche Personengruppe zum jeweiligen Zeitpunkt vorherrschend und damit preisbildend ist, ist sehr schwierig vorhersehbar. Aber es gibt auch hier gewisse Muster, die wir Ihnen nachfolgend vorstellen möchten.

V.1 Mister Market ist unberechenbar – handelt aber nachvollziehbar

Die Börse fasziniert viele Menschen, die mithilfe von Mathematik und eleganten Formeln Anlageentscheidungen treffen. Mathematische Modelle sind immer dann brauchbar, wenn es sich um wiederkehrende periodische Prozesse handelt. Wiederholungen können nämlich sehr gut mit Zahlen beschrieben werden. Tatsächlich scheitern aber die Mathematiker häufig, weil sie eine analytische Eleganz über die praktische Relevanz stellen. Das Börsengeschehen ist nämlich kein mathematisches Konstrukt, sondern ein soziales Gebilde.

Börsen sind wie Schönheitswettbewerbe. Die subjektiv schönste Person muss nicht zwangsläufig die objektiv schönste Person sein. Wenn die Jury bei einem Schönheitswettbewerb eine Wahl trifft, ist in der ersten Runde noch nicht klar, wie genau die Schönheitsideale in dieser Gruppe aussehen. Wenn aber erst mal eine Person gewählt wurde, ist klar, wer die Mehrheitsmeinung gewonnen hat. Bei einer erneuten Wahl ist die Chance auf den Sieg höher, wenn man wieder auf die betreffende Person tippt. Es ist sehr schwierig zu erahnen, welche Kriterien gerade am Markt wie bewertet werden. Das ist bei Aktien genauso. Natürlich gibt es eine Vielzahl von Kennzahlen, die man mit denen anderer Aktien vergleichen kann. Aber die Interpretation der Zukunftschancen einer Firma ist hochgradig individuell. Der berühmte Lehrmeister von Warren Buffett, Benjamin Graham, sprach immer davon, dass die »Börse kurzfristig eine Abstimmung, aber langfristig eine Waage ist« [68]. Hier kommen fundamentale Daten stärker zum Tragen. Es gilt der schöne Musical-Song von Herman Hupfeld, der durch den Film *Casablanca* weltberühmt wurde: »Fundamental Things Apply As Time Goes B«.

Dieser fundamentale Ansatz bedeutet, dass Unternehmen, die einen echten Mehrwert für Kunden bieten, ein durchdachtes Geschäftsmodell besitzen und eine ausgereifte Strategie für Wachstum und Entwicklung haben, langfristig an der Börse erfolgreich sein werden. Sie werden höhere Gewinne einfahren, Wachstumserwartungen übertreffen und von Skandalen verschont bleiben. Dies gilt leider nur in der Theorie, denn oft ändern sich die Fundamentaldaten, wenn beispielsweise ein neues Management kommt oder die Branche einem grundlegenden Schock ausgesetzt ist.

Selbst ein genauer Blick auf die Fundamentaldaten reicht also nicht. Die Börse ist noch komplexer: Es gibt Aussagen über Zusammenhänge, die genau diese Zusammenhänge verändern – eine davon ist die sich selbst erfüllende Prophezeiung (»self-fulfilling prophecy«). Sie tritt beispielsweise auf, wenn einer Bank Probleme nachgesagt werden, die eigentlich gar keine hat. Dies kann dazu führen, dass Kunden aus Angst um ihr Geld ihre Kontoguthaben abheben. Durch die vielen Geldabflüsse kommt die Bank dann tatsächlich in Schwierigkeiten (ein sogenannter Bank Run) [69], [70], [71].

V.2 Das Timing verstehen

Timing – den richtigen Zeitpunkt für eine Wertpapierorder – zu finden, ist extrem schwierig. Deswegen verlieren viele Daytrader, die täglich handeln, um kurzfristige Gewinne zu erzielen, Geld.*

Ein perfektes Timing ist von Vorteil – wer zu einem viel zu hohen Kurs einsteigt, braucht einen äußert langen Atem, um wieder positive Renditen im Portfolio zu sehen. Anders kann ein Einstieg bei einem blutroten Aktienkurs mit einer dunkelgrünen Wertentwicklung belohnt werden.** Ein einfaches Beispiel liefert die Betrachtung des MSCI World Index seit 1969. Wenn man die fünf Monate mit den höchsten Kursen ausschließt, verringert sich die jährliche Durchschnittsrendite von 6,23 Prozent auf 5,20 Prozent. Schließt man hingegen die fünf Monate mit den niedrigsten Kursen aus, erhöht sich die durchschnittliche Jahresrendite von 6,23 Prozent auf 8,11 Prozent. Nur sehr wenige Ereignisse – in diesem Beispiel knapp 1 Prozent der Beobachtungen – haben eine sehr große Wirkung auf den langfristigen Erfolg. Dies basiert auf dem Zinseszinseffekt und der 50-jährigen Laufzeit, sodass das Endvermögen im besseren Fall 3,5-mal so hoch wie im schlechteren Fall wäre.

Ereignisse, die einen starken Kurseffekt haben, schlagen deswegen so ein, weil sie den kompletten Markt überrascht haben. Sie sind daher per se nicht vorhersehbar. Niemand konnte wissen, dass bei-

* Daytrader handeln oft mehrmals am Tag und haben daher hohe Transaktionskosten. Deswegen müsste ihre Prognosefähigkeit besonders hoch sein, damit sie nach Transaktionskosten Geld verdienen. Die Märkte sind allerdings sehr effizient und haben bereits viele Informationen in den Kursen eingepreist. In einer umfangreichen Untersuchung zeigt Brad Barber, dass acht von zehn Daytrader Geld verlieren [72]. Allerdings gelingt es auch einigen wenigen, nachhaltig und konsistent Geld zu verdienen. Meist wenden diese Personen sechs Stunden und mehr pro Tag fürs Daytrading auf.

** An der Börse gilt folgender Farbkodex: Verluste sind immer rot und Gewinne sind immer grün.

spielsweise am 11. September 2001 in New York Terroranschläge verübt werden, welche die Börsen weltweit in die Tiefe reißen würden. Niemand konnte vor 2020 ahnen, dass eine globale Pandemie die Finanzmärkte ins Wanken bringen würde. Ein besonders treffendes Zitat zu derlei unvorhersehbaren Ereignissen stammt von Gottfried Heller, dem langjährigen Geschäftspartner der Börsenlegende André Kostolany: »Nenne eine Zahl und keine Zeit oder nenne eine Zeit und keine Zahl.« Damit wollte er ausdrücken, dass es praktisch unmöglich ist, den Kurs von Aktien für einen konkreten Tag vorherzusagen.

V.3 Die Selektion verstehen

Die richtige Aktie zählt ebenso wie das Timing. Mehr als zwei Drittel aller Aktien entwickeln sich schlechter als der Markt. Der Russell-3000-Index enthält die 3.000 Unternehmen mit der höchsten Marktkapitalisierung* – sprich dem höchsten Börsenwert (Anzahl aller Aktien multipliziert mit dem Kurswert). Sieht man sich die Entwicklung des Russell-3000-Index von 1980 bis 2014 an, erhält man folgendes Ergebnis: Nur 7 Prozent aller Aktien sind nachhaltige Outperformer, sprich, sie entwickeln sich deutlich besser als der Markt. 60 Prozent der Aktien erleiden über diesen langen Zeitraum und trotz einer positiven Marktentwicklung einen Verlust. Bei 40 Prozent der Aktien gibt es sogar einen massiven Crash.

* Die Marktkapitalisierung misst die Bewertung eines Unternehmens an der Börse. Damit schauen wir uns also die gemäß ihrem Aktienkurs wertvollsten Unternehmen an.

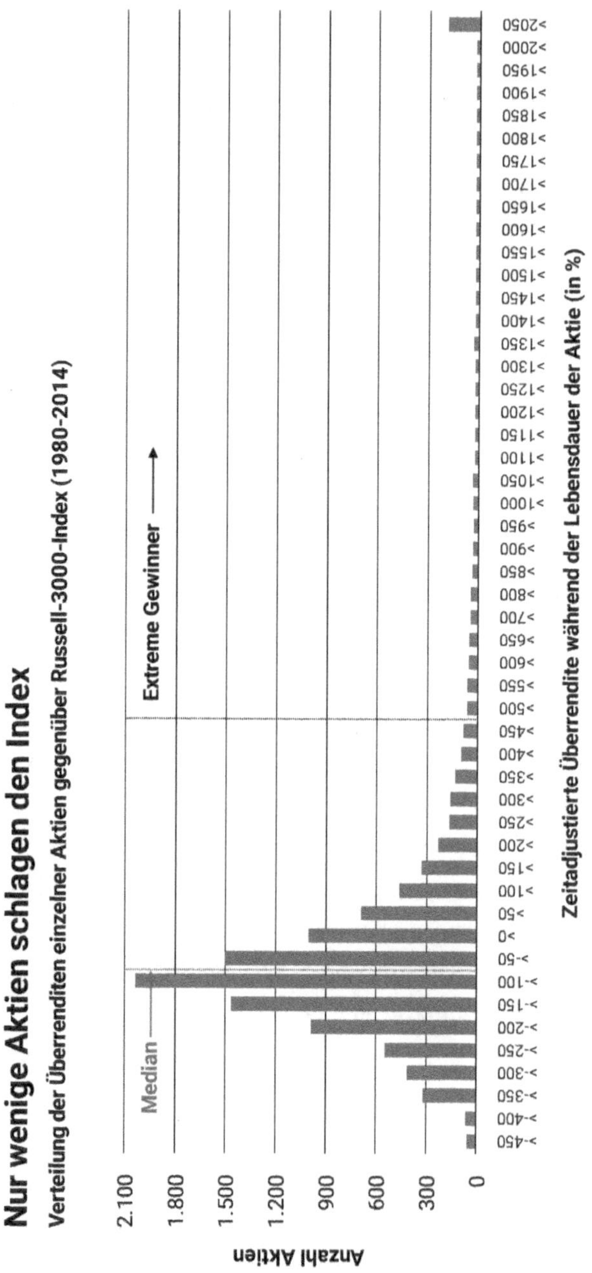

Abb. 4: Verteilung der Überrenditen einzelner Aktien gegenüber Russel-3000-Index

Quelle: eigene Darstellung, in Anlehnung an Podzuweit (2016) [73]

Das lässt nichts Gutes hoffen für die eigene Auswahl von Aktien. Für die richtige Auswahl bedarf es vieler Analysen, Einschätzungen und meist auch einer Prise Glück. Ein weiteres Beispiel verdeutlicht dies: Betrachtet man die wertvollsten Firmen der USA, die 1896 im Dow Jones vertreten waren, so ist mit General Electric im Jahr 2018 das letzte Mitglied ausgeschieden, das seit Gründung dabei war [74]. Alle anderen Firmen sind entweder pleitegegangen, wurden aufgekauft oder haben mit einem anderen Unternehmen fusioniert.*

Die Selektion von Aktien ist also keinesfalls einfach. Es gilt wie in der Partnerschaft: »Drum prüfe, wer sich ewig bindet, ob sich nicht was Besseres findet.«

V.4 Die Mitspieler verstehen

An der Börse gibt es etliche Mitspieler: Banken, Vermögensverwalter, institutionelle Großanleger, Privatanleger und so weiter. Als Privatanleger werden Sie es vor allen Dingen mit Banken und Vermögensverwaltern als Gegenparteien zu tun haben.

Das Bankgeschäft unterliegt hohen regulatorischen Anforderungen. Entsprechend hoch sind die Markteintrittsbarrieren für neue Wettbewerber. Aufgrund der Finanzkrise und aus Kostengründen ist die Anzahl der Banken in Deutschland in den vergangenen Jahrzehnten erheblich gesunken. Während es 1990 noch rund 4700 Banken gab, gibt es heute nur noch rund 1400 Institute [75]. Die Banken sind privatrechtlich, öffentlich-rechtlich oder genos-

* Der Index umfasste zunächst nur Eisenbahnunternehmen. General Electric wurde 1896 aufgenommen, als der Index zum »Dow Jones Industrial Average« erweitert wurde (so heißt der »Dow Jones« in Langform bis heute. Anfänglich waren es lediglich zwölf Unternehmen. Die Erweiterung auf die heutigen 30 Indexmitglieder erfolgte im Jahr 1928.

senschaftlich organisiert. Während sich in der ersten Gruppe zumeist größere Banken finden, sind die öffentlich-rechtlichen Sparkassen oder die genossenschaftlichen Volks- und Raiffeisenbanken eher kleiner und haben mehrheitlich regionale Schwerpunkte. Relativ zum Ausland hat Deutschland aufgrund dieser regional autonomen Institute eine große Anzahl von Banken, auch wenn die Anzahl der Filialen pro Einwohner im europäischen Vergleich unterdurchschnittlich ist [76].

Im Schatten dieser Banken hat sich in den letzten zwei Jahrzehnten eine beachtliche Zahl unabhängiger Vermögensverwalter etabliert, die die großen Verwalter wie BlackRock und Sonstige ergänzen. Große Fondsanbieter zeichnen sich auch dadurch aus, dass ihre Fondsmanager kaum von der Benchmark abweichen und deswegen nach Kosten diese seltener übertreffen. Die angestellten Fondsmanager verringern dadurch ihr Karriererisiko. Außerdem erleichtern Benchmark-nahe Portfolios die Risikokontrolle im gesamten Unternehmen, weil große Fehlgriffe ausgeschlossen werden und damit nicht auf die gesamte Reputation negativ abstrahlen können.

Die Ratingagentur Standard & Poor's hat im Jahr 2006 eine überproportionale Häufigkeit von Fonds unabhängiger Vermögensverwalter in der Spitzengruppe festgestellt. Während im Durchschnitt aller Vermögensverwalter die Gruppe der unabhängigen Institute nur 15,4 Prozent ausmachten, waren sie zu 27,8 Prozent bei den Top drei Fonds in den jeweiligen Segmenten vertreten. Die Prognosefähigkeit der unabhängigen Vermögensverwalter ist vermutlich nicht systematisch anders als bei klassischen Banken. Die Schwierigkeit bei Finanzprognosen wird in Kapitel V.2 – Stichwort: Timing – beschrieben und ist für alle gleichermaßen groß. Ein Hauptgrund für die besseren Ergebnisse ist das höhere Kostenbewusstsein bei den kleinen Instituten. In der Finanzbranche werden zahlreiche Entgelte von Anbietern an die Vertriebsstellen bezahlt. Wenn ein Finanzberater einen Fonds empfiehlt, erhält er so lange eine Rückvergütung (auch Retrozession genannt), wie sein Kunde Anlagemittel in diesen Fonds investiert hat. Vor allem ausländische Anbieter, die in Deutschland keinen eigenen Vertrieb haben, zahlen bis zu 0,7 Prozent pro Jahr an Vertriebspartner aus. Regional tätige Vermögensverwalter profitieren am Markt von der eigenen Bekanntheit und zahlen daher meist kleinere Rückvergütungen. Es ist ein bisschen wie im Supermarkt, wo unbekannte und austauschbare Produkte eine hohe Listinggebühr zahlen müssen, aber Kinderschokolade von Ferrero durch die Kundenerwartungen schon im Eigeninteresse des Supermarkts ins Regal kommt. Das Geld für die Rückvergütungen fehlt dem Fonds und mindert entsprechend die Rendite für den Investor. Angesichts der niedrigen Renditen kann dies langfristig einen großen Unterschied für den Anleger ausmachen.

V.5 Sich selbst verstehen

Einer der besten Anleger der Welt war bis zu seinem Tod im November 2023 Charles Munger, Vorstand und Partner von Warren Buffett in der Investmentholding Berkshire Hathaway. Um die Qualität von Wissen zu beschreiben, verwies Munger gerne auf die Geschichte des deutschen Physik-Nobelpreisträgers Max Planck und seines Chauffeurs.

Nachdem Max Planck 1918 der Nobelpreis verliehen worden war, begab er sich auf eine Tournee durch Deutschland, um überall seinen Vortrag zur Quantenmechanik zu halten. Weil er Monate zusammen mit seinem Chauffeur unterwegs war, konnte sein Fahrer den Vortrag nach einiger Zeit auswendig. Gegen Ende der Vorträge schlug der Chauffeur vor, die Rollen zu tauschen. Er würde den Vortrag halten und Max Planck säße im Publikum mit der Chauffeursmütze. Tatsächlich konnte er den Vortrag souverän vor einem Fachpublikum in

München halten. Allerdings hatte er nicht damit gerechnet, dass ein Professor eine sehr schwierige Frage stellte. Aus Verlegenheit ging der Chauffeur in die Offensive und antwortete wie folgt: »Ehrlich gesagt hatte ich an einer Universität nicht mit einer so einfachen Frage gerechnet. Die ist so einfach, dass sie sogar mein Chauffeur im Publikum beantworten kann.« [77]

Die meisten Menschen erwerben im Zeitalter des Internets schnell oberflächliches Wissen, das sie nur angelesen oder gegoogelt haben. Ihr Wissen tatsächlich erarbeitet und angewendet haben die wenigsten Menschen. Sie sind im Sinne von Charlie Munger also »Chauffeure«, die so tun, als würden sie alles wissen. Das Gleiche gilt natürlich für Aktien – wer sich am schlauesten darstellt, muss nicht unbedingt der Klügste sein und die besten Ratschläge für Investments parat haben. Daher sollten Sie immer bescheiden bleiben, lernen und sich nicht zu vermeintlich überklugen Investments verleiten lassen.

V.6 Geschichte aus der Welt der Aktien

Als die Investment Bank Lehman Brothers im September 2008 Insolvenz anmelden musste, brachen die weltweiten Aktienmärkte zusammen. Die Panik erfasste praktisch alle Aktien. Die **Volatilität**, das Schwankungsmaß an den Börsen, erreichte mit einem Wert von über 80 Prozent ein neues Allzeithoch. [78]

Aber es gab nicht nur Verlierer. Ein unmittelbarer Gewinner des Aktiencrashs waren Wertpapierhandelsunternehmen, weil sie ein nie da gewesenes Handelsvolumen abgewickelt hatten. Wer selbst im automatisierten Wertpapierhandel tätig war, kannte diesen Zusammenhang und konnte 2008 stark gefallene Aktien wie etwa die der Baader Bank günstig kaufen und darauf vertrauen, dass die nachfolgenden Geschäftsberichte fundamental strahlten. Ein ähnliches Szenario war im Corona-Jahr 2020 erneut zu beobachten. Die Anzahl der Transaktionen an den Börsen erreichte ein weiteres Hoch – schließlich hatten die Menschen im Lockdown genügend Zeit, sich mit finanziellen Anlagen zu befassen. Auch hier waren wieder Wertpapierhandelsunternehmer die Gewinner, denn schließlich muss jemand die in Auftrag gegebenen Käufe und Verkäufe auch durchführen. So war auch der betreffende Geschäftsbericht der Baader Bank wieder glänzend. Neben der Baader Bank ist auch die Tradegate Wertpapierhandelsbank in Berlin eine ideale Absicherung gegen einen Börsencrash. Die Panik der einen ist der gesteigerte Umsatz der anderen.

V.7 Checkliste und To-dos

Checkliste

Ich habe gelernt, dass…

- **das Börsengeschehen auf sozialen Interaktionen** von **lernenden** und deswegen zukünftig anders handelnden Menschen sind.
- das **Timing kurzfristig** über **Rendite** entscheidet.
- die **Selektion** einzelner Aktien **herausfordernd** ist, da nur wenige Titel den Index schlagen.
- neben Banken vor allen Dingen **Vermögensverwalter** an der Börse investieren.
- man nur, weil man etwas **weiß**, es **nicht** unbedingt **versteht**.
- es selbst in **Krisen** immer **Profiteure** gibt, wie die Wertpapierhandelsunternehmen in der Finanzkrise zeigen.

To-dos

In der nächsten Woche werde ich …

- nach zwei Aktien suchen, die im vergangenen Jahr besser als der DAX performt haben.
- nach einem Vermögensverwalter suchen und schauen, wie sein Portfolio im Vergleich zum DAX performt.

VI.

STRATEGISCHE VERMÖGENSAUFTEILUNG: DIE OPTIMALE AKTIENQUOTE IM LEBENSZYKLUS

Junge Anleger unterscheiden sich bei Finanzfragen häufig stark von Menschen in höherem Alter. Meist besitzen sie noch kein großes Vermögen, haben ihr gesamtes Berufsleben noch vor sich und beginnen folglich erst mit der Einkommenserzielung. Außerdem haben sie meist noch keine Familie und damit keine finanziellen Verpflichtungen gegenüber anderen Personen. Ebenso können sie sich eine andere Einstellung zu Risiken leisten, weil sie auf unvorhergesehene Ereignisse anders reagieren können. Sie haben schlicht noch ihr Leben vor sich. Es ist also klar, dass sich die Anforderungen an die Kapitalanlage im Laufe eines Lebens ändern. Was genau dabei zu beachten ist und was als optimal angesehen wird, zeigen wir in den nachfolgenden Abschnitten.

VI.1 Die Basics: Vermögensallokation und Diversifikation

Unter dem Begriff der Vermögensallokation versteht man die Aufteilung von Vermögen in verschiedene Anlageklassen wie Aktien, Anleihen, Immobilien oder Rohstoffe. Die optimale Vermögensallokation hängt immer von den individuellen Zielen des Anlegers ab. Diese werden bedingt durch Rendite, Risiko sowie der persönlichen Risikobereitschaft. Einige gehen für mehr Rendite gern mehr Risiko ein – andere bevorzugen ein Kleinstwachstum für das Minimalrisiko.

Das Risiko ist verknüpft mit der Rendite: Erhöht man das Risiko der Aktien im Portfolio, steigt in der Regel auch die Rendite. Dies liegt daran, dass Risiko an der Börse anhand der Kursschwankungen gemessen wird, der sogenannten Volatilität. Ist diese Volatilität hoch, heißt es, dass Kurse stark nach oben oder unten ausschlagen. Eine hohe Volatilität wird mit einem hohen Risiko gleichgesetzt, und das heißt, dass man eben bei einem hohen Risiko auch eine Chance auf einen großen Kursanstieg nach oben hat – zumindest auf Basis der vergangenen Kursdaten. Ein gutes Beispiel für Anlagen mit sehr hoher Volatilität beziehungsweise hohem Risiko sind Kryptowährungen wie Bitcoin. Nicht selten steigen diese um mehr als 8 Prozent pro Tag oder fallen auch genau um diesen Wert. Sie verhalten sich wie ein Aufzug – man fährt schnell nach oben, aber auch ebenso schnell wieder abwärts.

Für diese Rendite-Risiko-Sicht lässt sich mathematisch zeigen, dass es immer ein bestimmtes Verhältnis von Risiko und Rendite gibt, das eine effiziente Kombination darstellt: sprich einen Wert, der bei gleichem Risiko die höchste Rendite erwarten lässt. Angenommen, Meta- und Alphabet-Aktien haben die gleiche Volatilität von beispielsweise 10 (die Zahl als solche ist hier nicht relevant). Nehmen wir des Weiteren an, Meta hat aber 2 Prozentpunkte mehr Rendite p.a. – dann wäre Meta eine effizientere Auswahl. Kauft ein Anleger nun zusätzlich zu Meta noch eine weitere Aktie, die zwar weniger Rendite erwarten lässt, aber auch eine geringere Volatilität hat, diversifiziert er damit sein Portfolio. Diese Diversifikation wird auch als Risikostreuung bezeichnet. Sie sorgt durch unterschiedliche Positionen im Portfolio für eine Verteilung des Risikos auf mehrere Anlagen. Damit legt ein Anleger nicht »alle Eier in einen Korb«, wie es in einem Börsensprichwort heißt, und ist bei einem Kurssturz einzelner Aktien, wie zum Beispiel Meta, geschützt. Natürlich ist der Einwand berechtigt, dass ähnliche Unternehmen auch ähnlichen Kursschwankungen unterworfen sind – das ist vollkommen korrekt. Je weniger ähnlich sich Anlagen sind, desto unabhängiger ist ihre Wertentwicklung voneinander. Eine gewisse gemeinsame «Schwankungsbeziehung« ist also nie auszuschließen.

Das erste Modell, das diese intuitive Sicht auf die Risikostreuung (»Lege nie alle Eier in einen Korb!«) berechenbar machte, wurde 1952 von Harry Markowitz veröffentlicht [79]. Hierfür wurde er 1990 mit dem Nobelpreis für Wirtschaftswissenschaften ausgezeichnet. Sein Modell wird gerne von Finanzberatern verwendet, die ihren Kunden das »Portfolio des Nobelpreisträgers« versprechen. Hierfür gehen die Berater mit den Kunden die Formel von Markowitz durch und suchen passende Anlagen mit der optimalen Portfoliostruktur für die individuelle Risiko-Rendite-Präferenz der Anleger.

In der Praxis wird häufig übersehen, dass dieser Ansatz auf sehr einfachen Annahmen beruht und für die Realität ungeeignet ist. Erstens ist es ein sogenanntes Ein-Perioden-Modell. Es beruht auf der Annahme, dass zwischen der Entscheidung, was und wie angelegt wird, und dem Ergebnis nur eine einzelne Zeiteinheit liegt. Diese kann zwar beliebig lang gesetzt werden, ob ein Tag oder zehn Jahre, allerdings wird in der Realität zwischen Entscheidung und Ergebnis das Portfolio regelmäßig angepasst und es werden Käufe sowie Verkäufe getätigt. Zweitens schlägt die Gewichtung der Portfoliopositionen in unglücklichen Marktphasen stark zu und unterstützt den Anleger nur wenig bei glücklicheren Marktphasen: Was heißt das? Beim Markowitz-Ansatz werden Positionen mit einer hohen erwarteten Rendite stärker gewichtet – sprich, man kauft höhere Stückzahlen der betreffenden Wertpapiere. Positionen mit einer niedrigen erwarteten Rendite werden dementsprechend weniger stark gewichtet. Dies hat nun jedoch zur Folge, dass ein Anleger deutlich weniger Gewinn erzielt, wenn die Positionen mit hoher Rendite-Erwartung kleinere Zuwächse erzeugen, weil sie im Portfolio den größeren Anteil haben. Andersherum profitiert er deutlich weniger, wenn die zunächst kleine Rendite-Erwartung übertroffen wird, da die betreffende Position im Portfolio nur einen kleinen Anteil ausmacht.

In der Realität haben sich daher Mehr-Perioden-Modelle etabliert. Darin sind zwischenzeitliche Ein- und Auszahlungen genauso möglich wie Portfolioumschichtungen, sprich Veränderungen der Aktien, die ein Anleger hält. Hier wird auch berücksichtigt, dass sich Anlage-Situationen ändern können. In der Evolution der Kapitalmarktforschung wurden anfänglich Ein-Perioden-Modelle verwendet, weil sie deutlich einfacher zu berechnen sind; selbst dafür reichte die Computerleistung damals kaum aus. Wie überall hat sich auch hier die Welt weiterentwickelt, und die Kapitalmarktforscher können heute eine höhere Komplexität abbilden.

VI.2 Die zwei großen Typen von Anlageklassen

Was genau als eigene Anlageklasse beziehungsweise Assetklasse zu sehen ist, liegt im Blickwinkel des jeweiligen Investors. Manche Leute sehen Kryptowährungen oder NFTs (Non-Fungible Tokens) als Assetklasse, wohingegen insbesondere institutionelle Anleger dies anders sehen. Für große Portfolios gibt es fast immer gesetzliche Vorschriften. Stiftungen dürfen nur in Assetklassen investieren, die stetige Gewinne abwerfen oder Zinsen ausschütten, weil sie laufende Zahlungsströme zur Finanzierung ihres Stiftungszwecks benötigen. Pensionskassen müssen sich regelmäßig an die Regel von den zwei S halten: Sie dürfen nur in Staatsanleihen und Steine (Immobilien) investieren. Ganz grob gesprochen gibt es jedoch zwei Typen von Anlageklassen, die das Spektrum für alle anderen begrenzen und Ihre Vermögensaufteilung ausmachen werden: Eigenkapital- und Fremdkapitalinvestitionen.

Die erste sind Aktien (»Eigenkapital«). Aktionäre sind Unternehmenseigentümer – mit ihren Aktien gehört Ihnen ein Teil des Unternehmens. Das bedeutet: Die Aktionäre erhalten erst dann eine Dividende, wenn vorher alle Fremdkapitalgeber ihre Zinsen bekommen haben. Fremdkapitalgeber sind entweder Banken, die dem Unternehmen Kredite gegeben haben, oder Anleger, die ihm durch Anleihenkauf Geld geliehen haben. Man spricht bei der Frage nach der Dividendenzahlung auch von dem Residuum, das am Schluss übrigbleibt. Wer erst am Schluss, wenn überhaupt, Geld bekommt, trägt natürlich ein größeres Risiko. Es ist das Wesen des Unternehmertums, dass Gewinne erst dann übrig bleiben, wenn alle anderen bereits ihr Geld bekommen haben. Ein Unternehmer puffert durch sein Eigenkapital die Risiken aller anderen ab.

Der zweite Typ sind Fremdkapitalinvestitionen. Hier erhalten Fremdkapitalgeber, im Vorfeld fest vereinbarte Zahlungen (Zinsen). Diese sind im Idealfall unabhängig vom Unternehmensergebnis (sofern das Unternehmen nicht pleitegeht). Typischerweise sind diese Geldgeber Externe, die das Unternehmensrisiko nicht einschätzen können und deswegen Sicherheit suchen. Unternehmer, die ihre Produkte und Kunden kennen, können die Höhe des Residuums auch besser einschätzen. Das Risiko einer Fehlentscheidung ist für sie geringer.

Zwischen diesen beiden Extremen gibt es eine ganze Reihe von Anlageklassen, die eher Eigenkapital- oder Fremdkapitalcharakter haben. Immobilien bringen feste Mieteinnahmen und sind eher wie Anleihen zu betrachten. Rohstoffe schwanken stark im Preis und können wertlos werden, weswegen sie eher mit Aktien vergleichbar sind. Viel wichtiger als die genaue Ausdifferenzierung des Zahlungsstroms ist nämlich der Zeithorizont und das damit verbundene Risiko. Welche Rolle die Vermögensallokation hierbei spielt, wird im nachfolgenden Abschnitt erläutert.

VI.3 Hochs und Tiefs – wie die Zeit die Allokation beeinflusst

Ein ganz entscheidender Faktor bei der Kapitalanlage ist der Anlagehorizont. Je länger der Anlagehorizont ist, desto eher werden sich gute und schlechte Perioden ausgleichen und desto wahrscheinlicher wird das erwartete Durchschnittsergebnis eintreten. Diese Beobachtung beruht auf dem Gesetz der großen Zahlen [80]. Misst man etwas nur lang genug, wird der erwartete Durchschnitt eintreten. In einem einzigen Jahr können Aktien beispielsweise zwischen -50 Prozent und +50 Prozent schwanken. In einem Zehn-Jahres-Zeitraum wird die jährliche Rendite von Aktien aber vermutlich nur noch im Bereich von +4 Prozent bis +8 Prozent schwanken, weil sich Schwankungen über die Zeit ausgeglichen haben (»zeitliche Diversifikation«).

Bei der Auswahl von Investments sollten Sie demnach genau beachten, ob in jedem einzelnen Jahr eine positive Rendite erzielt werden soll. Oder soll nur im Mittel langfristig eine positive Rendite erzielt werden? Dann können Sie deutlich höhere Risiken eingehen, weil der besagte Zeiteffekt zwischenzeitliche Schwankungen ausgleicht. Wer aus Angst vor Ein-Jahres-Verlusten nie in Aktien inves-

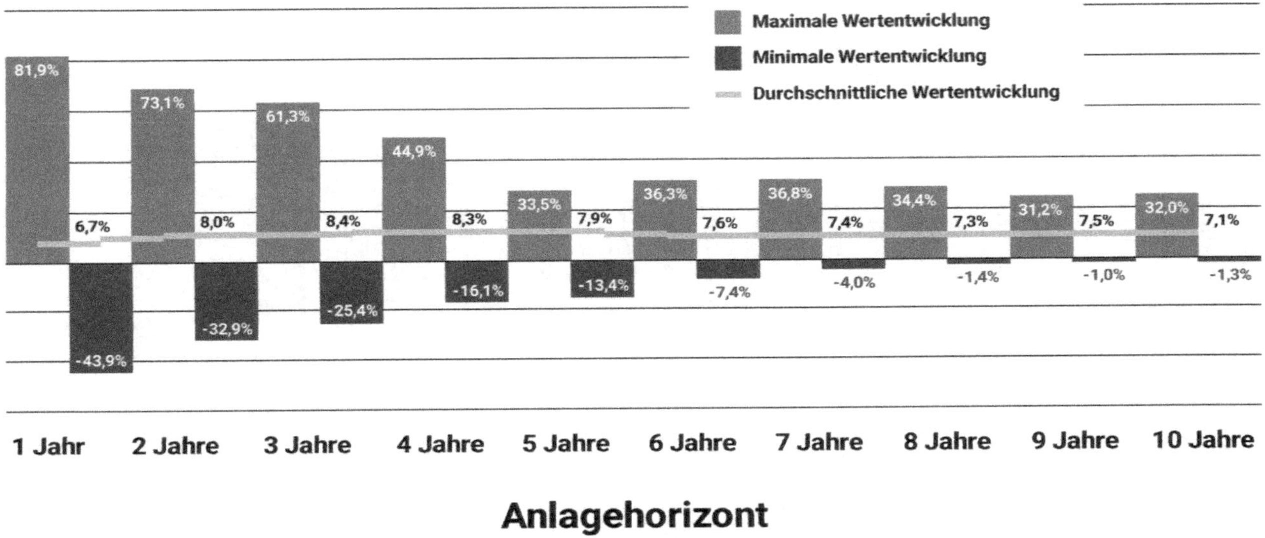

1875-1914 (Index des Institutes für Konjunkturforschung), 1925-1943 (Index der Jahresdurchschnittskurse des Statistischen Reichsamtes), 1948-1968 (Index des Statistischen Bundesamtes), 1969-2003 (Datastresm: RexP) Quelle: Deutsche Bundesbank (Deutsches Geld- und Bankwesen in Zahlen 1876-1975); Datastream

Abb. 5: Durchschnittliche Aktienrenditen über verschiedene Anlagezeiträume

Quelle: eigene Darstellung, in Anlehnung an Deutsche Bundesbank (1976) [81]

tiert, verschenkt eine große Gelegenheit, langfristig an den höheren Renditen zu verdienen. Man spricht in diesem Zusammenhang auch von einer Risikoprämie der Aktien, weil ihre langfristige Durchschnittsrendite (pro Jahr) höher ist als eine risikolose Anlage wie zum Beispiel beim Sparbuch. Sie können bei einer Aktienanlage nicht davon ausgehen, innerhalb eines Jahres das Sparbuch zu schlagen. Aber je länger Sie investieren, desto sicherer ist der Vorsprung der Aktien.

Weil das Leben endlich ist, verkürzt sich im Verlauf des Lebens der Anlagehorizont automatisch. Diese harte biologische Realität der abnehmenden restlichen Lebenserwartung wird von vielen Anlegern verdrängt. Der eigene Tod ist keine angenehme Vorstellung, aber das Alter des Anlegers ist bei der Auswahl seines Portfolios wichtig.

Viele Privatanleger machen den Fehler, bei Verlusten auszusteigen, um später bei Schönwetter wieder Aktien zu höheren Kursen zu kaufen. Einige sind sogar überhaupt nicht investiert, weil sie fürchten, in einen überteuerten Markt einzusteigen, wenn die Kurse bereits seit Längerem gestiegen sind. Wie wir in Abschnitt V.2 zum Timing gesehen haben, ist es praktisch nicht möglich, den richtigen Zeitpunkt für den Einstieg in den Aktienmarkt zu finden. Deshalb sollte man dem Zeitpunkt des Aktienkaufs keine große Bedeutung beimessen. In der Anlagepraxis ist »Time in the Market« (also die Gesamtzeit, in der ein Anleger investiert ist) viel bedeutender als »Timing the Market« (also der richtige Einstiegszeitpunkt) [82]. Es ist wichtig, dauerhaft investiert zu sein und dadurch von den positiven Risikoprämien zu profitieren. An der Börse gilt die Philosophie der Investorenlegende Jesse Livermore: »Das große Geld verdient man nicht mit Kaufen oder Verkaufen, sondern mit Aussitzen.« [83]

VI.4 Vermögensallokation hängt vom eigenen Leben ab

Welche Aktienquote, also welchen Anteil seines Portfolios in Aktien, ein Anleger im Laufe seines Lebens ansetzen sollte, war lange Zeit Gegenstand wissenschaftlicher Forschung. Die Anlagepraxis empfiehlt seit jeher eine mit zunehmendem Alter sinkende Aktienquote. Häufig wird die Regel »100 minus Lebensalter in Jahren« verwendet. Begründet wird dies dadurch, dass ein junger Anleger eine längere Zeit hat, um sich von einem Crash zu erholen [84], [85].

In der Vergangenheit hatte man anders gedacht. Der erste Wirtschaftsnobelpreisträger Paul Samuelson postulierte 1969 in seinem Irrelevanztheorem, dass Anleger unabhängig vom Anlagehorizont immer die gleiche Aktienquote halten sollten [86]. Junge Anleger hätten schließlich auch die größere Chance, einen Crash zu erleben. Bestätigt wurde die Aussage auch durch den Beitrag des Nobelpreisträgers Robert Merton, in der gleichen Ausgabe des »Review of Economics and Statistics« [87]. Er erweiterte das Modell Samuelsons für den sogenannten Continuous-Time-Fall, eine Art statistischer Generalisierung.

Nachdem diese beiden Größen der Wirtschaftswissenschaften eine klare Empfehlung formuliert hatten, war das Thema der optimalen Aktienquote lange Zeit aus der akademischen Forschung verschwunden. Weil die Praktiker aber trotzdem an ihrer Regel festhielten, formierte sich Ende der 1990er-Jahre eine erneute Forschung zu diesem Thema. John Campbell und Louis Viceira [2] oder Alexis Eisenhofer [84] zeigten, dass die Aussagen von Samuelson und Merton keinen Widerspruch zur Praxis darstellen, wenn man zusätzlich Humankapital in deren Modellen berücksichtigt.

Bislang ging die Theorie davon aus, dass ein Anleger ein Finanzvermögen besitzt, das er im Zeitablauf in Aktien investieren kann.

Nun wurde eine Annahme bezüglich Risikoaversion von Anlegern getroffen, also der Scheu vor Risiken. Unterstellt wird, dass es sich um eine konstante relative Risikoaversion handelt. Dies bedeutet, dass sie sich nicht mit der Vermögenshöhe ändert. Daher muss der Anleger immer einen konstanten Anteil in Aktien investieren. In der neueren Forschung wird dieses Konzept um Humankapital erweitert. Humankapital stellt Kapital dar, das man in Form der eigenen Person besitzt, beispielsweise durch die eigene Arbeitskraft, durch Bildung oder ein gutes Netzwerk an Beziehungen. Hierdurch ergibt sich nun das Gesamtvermögen aus finanziellem Kapital plus Humankapital. Weil das Humankapital über die Lebenszeit immer mehr zu Finanzkapital wird, muss die Aktienquote im Zeitablauf geringer werden.

Ein einfaches Beispiel soll dies verdeutlichen: Ein Student hat nach seiner Ausbildung 10.000 Euro Finanzvermögen, aber 1 Million Euro Humankapital durch seine gesammelten Studiumsfähigkeiten wie Wissen, Netzwerk und fachbezogene Kompetenzen. Sein Gesamtvermögen beträgt also 1,01 Million Euro. Wenn er davon knapp 1 Prozent in Aktien anlegen will, sind dies 10.000 Euro. Er muss also eine 100-prozentige Aktienquote in seinem Finanzkapital realisieren. Kurz vor seinem Ruhestand hat der gleiche Anleger 1 Million Euro Finanzvermögen, aber fast kein Humankapital mehr. Jetzt kauft er von seinem Finanzkapital für 1 Prozent Aktien – dies entspricht erneut 10.000 Euro – dadurch hat sich seine Aktienquote relativ verringert, ist aber absolut gleich geblieben. Obwohl der Anleger im Leben die gleiche Risikoaversion an den Tag gelegt hat, reduziert sich seine Aktienquote dadurch mit zunehmendem Alter. Die Berücksichtigung von Humankapital ist somit die Brücke zwischen Theorie und Praxis. Natürlich verdienen die meisten Menschen ihren Lebensunterhalt durch Arbeit und wandeln damit Humankapital in Finanzkapital um. Deshalb war die Nichtberücksichtigung von Humankapital in den ersten Modellen schlichtweg lebensfern.

Daher sollten Sie sich darüber im Klaren sein, dass eine hohe Aktienquote in jungen Jahren sinnvoll sein kann, wenn Sie die entsprechende Risikopräferenz besitzen.

VI.5 Regeln, um die eigene Vermögensallokation zu bilden

Wie bereits erläutert, wird in der Praxis häufig die Faustregel »100 minus Lebensalter« für die Aktienquote angewendet: Das Ergebnis dieser Faustregel ergibt den prozentualen Anteil an Aktien, die das eigene Vermögen enthalten sollte. Diese Praktikerregel bildet die Realität jedoch nicht hinreichend ab. Es wird weder nach der Höhe des Vermögens noch nach dem Anlageziel oder der Art der Aktienanlage selbst differenziert. Ein 75-Jähriger, der für seinen Enkel spart, sollte unbedingt mehr als 25 Prozent in Aktien investieren. Ein Anleger, der in junge Firmen investiert, trägt ein völlig anderes Risiko als jemand, der in den MSCI World Index investiert, welcher die Entwicklung von über 1600 Großunternehmen aus 23 Industrieländern widerspiegelt.

Wir plädieren dafür, dass junge Anleger bis 40 Jahre zu 100 Prozent in Aktien investieren sollten. Auch im Ruhestand sollte man eine Aktienquote von 40 Prozent nicht unterschreiten. Weil Rentner im Ruhestand ihr Kapital verzehren, besteht das sogenannte Langlebigkeitsrisiko. Hiermit ist gemeint, dass man länger lebt, als man Geld hat. Um dieses Risiko zu verringern, braucht man auch im Ruhestand ein renditestarkes Portfolio. Was nützt nämlich einem Rentner ein Festgeldkonto ohne Schwankungen, wenn das Geld durch den Verzehr schneller verbraucht wird [84]?

VI.6 Geschichte aus der Welt der Aktien

Entgegen der Empfehlung der Finanzwissenschaft, die Aktienquote im Alter zu reduzieren und auch defensive Aktieninvestments zu tätigen, kaufte der 72-jährige Timothy Springer im Jahr 2010 für 5 Millionen US-Dollar Aktien des damals weitgehend unbekannten US-Unternehmens Moderna im Vorfeld von dessen Börsengang [88].

Nachdem Moderna zu den ersten Unternehmen gehörte, die einen wirksamen Impfstoff gegen Covid-19 entwickelten, stieg der Kurs der Aktie um über +17.000 Prozent. Der Medizinprofessor Springer ist vermutlich der reichste Akademiker aus dem Kreise der Humanmedizin und wird seit Kurzem in der Forbes-Liste der US-Dollar-Milliardäre geführt. Im Jahr 1999 hatte er bereits beim Verkauf seines Medizin-Start-ups an Millennium Pharmaceuticals 100 Millionen US-Dollar verdient [89].

VI.7 Checkliste und To-dos

Checkliste

Ich habe gelernt, dass …

- eine **Vermögensallokation** die **Aufteilung** meines Vermögens in verschiedene **Anlageklassen** darstellt (beispielsweise Aktien, Anleihen, Immobilien).
- Aktien und Anleihen als **Eigenkapital** und **Fremdkapital** zwei **Extreme** darstellen und ein **unterschiedliches Risiko** aufweisen.
- der **Anlagehorizont** meine **Rendite** und auch meine **Strategie** maßgeblich **beeinflusst.**
- die Aktienquote vom **Alter** und dem eigenen **Humankapital** abhängen sollte.
- »**100 minus Alter**« eine gute **Faustregel** ist, um die eigene Aktienquote zu berechnen.
- man selbst im **Alter** noch mit **Aktien hohe Renditen** erzielen kann, wie das Beispiel von Timothy Springer zeigt.

To-dos

In der nächsten Woche werde ich …

- mir meine Aktienquote für mein derzeitiges Alter nach der Regel »100 minus Lebensalter« errechnen und zudem nach den anderen Ratschlägen aus diesem Buch anstreben, eine sinnvolle Aktienquote zu ermitteln.
- überlegen, wie ich diese Quote umsetzen kann, sodass ich immer noch mindestens drei Monatsgehälter als Reserve behalte (der genaue Betrag hängt sehr von der individuellen Risikopräferenz ab: Für einige besteht diese Cash-Reserve vielleicht sogar aus 24 Gehältern).

VII.

WIE WÄHLEN SIE GUTE AKTIEN AUS?

Der Investor und Wissenschaftler Benjamin Graham beschrieb 1949 in seinem Buch *The Intelligent Investor* das Börsengeschehen durch den manisch-depressiven »Mister Market«, der ständig Kauf- und Verkaufsangebote für einzelne Aktien ausruft [90]. Manchmal ist er in guter Stimmung und bietet hohe Preise, manchmal ist er schlecht gelaunt und handelt zu niedrigen Preisen. Für Sie als unabhängiger Investor ist dies eine große Chance, weil Sie jederzeit mit Mister Market handeln könnten, wenn er unrealistische Preise ansetzt.

Das Herdenverhalten und die Stimmungsschwankungen an der Börse sind ebenso eine große Chance für Anleger mit emotionaler Stabilität und klarem Verstand. Wenn in einem Supermarkt die Preise sinken, kommen die Verbraucher in Scharen. Wenn dagegen an der Börse die Preise sinken, laufen alle davon. Eines der sehr bekannten Zitate von Warren Buffett lautet: »Price is what you pay, value is what you get.« Buffett unterscheidet klar zwischen dem Kaufpreis und dem tatsächlichen Wert, den er einer Aktie beimisst. Viele Kunden von Gebrauchsgütern setzen dagegen den Preis und den Wert einer Sache gleich. Bei Aktien gilt dies aber nicht, was allein schon durch den sich ständig ändernden Aktienkurs ersichtlich ist.

Es kommt nur darauf an zu verstehen, wann der Preis einer Aktie deutlich über ihrem tatsächlichen Wert gehandelt wird. Wer zudem erst kauft, wenn eine ausreichende Sicherheitsmarge (»Margin of Safety« [51], [90]) besteht, kann sein Risiko gering halten. Diese Sicherheitsmarge ist vorhanden, wenn der Preis der Aktie deutlich geringer als der »echte« Preis, den man annimmt, ist.

Der Anlageerfolg dieser Gruppe ist der Beweis dafür, dass es möglich ist, durch eine gute Aktienanalyse eine Überrendite zu erzielen. Die Anlagestrategie wird meistens als Value Investing (»wertorientiertes Anlegen«) bezeichnet.* Sie ist Teil der Fundamentalanalyse. Wir werden in diesem Kapitel alle relevanten Strategien zur Aktienauswahl kurz vorstellen – vielleicht ist ja auch eine dabei, die Ihnen zusagt.

VII.1 Fundamentale Aktienanalyse

Häufig kennt man Unternehmen schon deshalb, weil man selbst deren Kunde ist. Wer hat nicht schon einmal bei Amazon Produkte online gekauft oder bei McDonald's einen Burger gegessen? Tatsächlich findet man bei einem Blick in die Zahlen aber oftmals heraus, dass der eigentliche Wert eines Unternehmens aus einer anderen Quelle stammt, als man vermuten würde. Der größte Wert bei Amazon ist aktuell das stark wachsende Geschäft von Speicherdiensten für Geschäftskunden, Amazon Web Services. McDonald's ist bei genauerer Betrachtung eigentlich kein Restaurant, sondern ein Immobilienun-

---

* Das 1934 erschienene Buch gilt als die theoretische Grundlage dessen, was in der Investmentbranche als »Value Investing« bezeichnet wird [51].

ternehmen. Früh hat die Führung von McDonald's erkannt, dass die Eröffnung eines Restaurants die Immobilienpreise in der Umgebung positiv beeinflusst. Statt das Restaurant dort zur Miete zu betreiben, entschied der Vorstand sich zum Kauf der jeweiligen Immobilien und konnte von der positiven Entwicklung profitieren.

Im Zuge der fundamentalen Aktienanalyse wird genau dieser innere Wert einer Aktie durch betriebswirtschaftliche Kennzahlen abgeleitet. Es wird unterstellt, dass letztendlich die Ertragskraft des Unternehmens auch seinen Aktienkurs beeinflusst (»Fundamental Things Apply As Time Goes By«). Im Folgenden wollen wir einige solcher Kennzahlen genauer betrachten.

Kurs-Gewinn-Verhältnis

Die bekannteste Kennzahl ist wohl das Kurs-Gewinn-Verhältnis (KGV), das man erhält indem man den aktuellen Aktienkurs durch den erwarteten Gewinn je Aktie teilt. Es wird auch als Price-Earnings-Ratio (P/E Ratio) bezeichnet. Hierbei wird der Gewinn nach Steuern und Zinskosten, der sogenannte Jahresüberschuss betrachtet. Hat eine Aktie ein KGV von 15, so heißt dies, dass man das ganze Unternehmen zum heutigen Preis in Höhe des 15-fachen Gewinns kaufen könnte. Unternehmen, die stark wachsen, haben meistens ein höheres KGV als Unternehmen, die nur noch wenig wachsen. Wächst ein Unternehmen nämlich sehr stark, so ist der Jahresüberschuss des laufenden Jahres für die langfristige Betrachtung wenig aussagekräftig. Denn in einem solchen Fall wird viel Gewinn reinvestiert, anstatt es den Aktionären in Form von Dividenden auszuschütten.

Das Kurs-Gewinn-Verhältnis ist grundsätzlich eine aussagekräftige Kennzahl. Hohe Werte bedeuten, dass Anleger bereit sind, viel für einen Euro Gewinn zu zahlen: Es wird ein hohes Wachstum und/oder eine hohe Marktattraktivität erwartet. Natürlich kann dies auch auf eine Überbewertung hinweisen. Allerdings können niedrige Werte auch fundamental gerechtfertigt sein. So können die Gewinne in den nächsten Jahren stark sinken oder es können sogar Verluste eintreten. Vielleicht hat das Unternehmen auch ein hohes Insolvenzrisiko, was in der Bewertung berücksichtigt werden muss. Aktuell sehen wir in der Automobilbranche sehr niedrige Kurs-Gewinn-Verhältnisse. Einerseits sind die Gewinne aufgrund von Sondereinflüssen* aktuell sehr hoch, andererseits sind aber die Zukunftsaussichten durch den Wandel zu Elektroantrieben und autonomem Fahren für deutsche Hersteller sehr schlecht.

Kurs-Buchwert-Verhältnis

Das Kurs-Buchwert-Verhältnis (KBV) erhalten Sie, indem Sie den aktuellen Aktienkurs eines Unternehmens durch den Buchwert je Aktie teilen. Der Buchwert je Aktie wiederum ergibt sich, indem das Eigenkapital des Unternehmens durch die Anzahl aller Aktien** geteilt wird. Es vergleicht den Wert des Unternehmens an der Börse mit dem Wert, der in den Büchern des Unternehmens als Summe aller vorhandenen Vermögenswerte im Unternehmen ausgewiesen ist. Es wird also die Marktwahrnehmung mit den bilanzierten Werten verglichen. Verfechter des Value Investing sehen den fairen Wert einer Aktie häufig in der Höhe des Buchwerts und damit in dem KBV.

Das KBV eignet sich jedoch nur bedingt für eine umfassende Aussage, weil der Buchwert eines Unternehmens von den gesetzlichen

---

* Im Zuge der Lieferkettenprobleme durch die Corona-Pandemie verfügten die Hersteller über weniger Computerchips. Die wenigen, die erhältlich waren, verbauten sie dann bevorzugt in den teuren Modellen. Der erzwungene Fokus auf Luxusautos mit einer höheren Marge führte trotz geringerer Stückzahl zu höheren Gewinnen.

** Genau genommen aller »ausstehenden Aktien« – diese Präzisierung lassen wir hier aber aus Vereinfachungsgründen fallen.

Bilanzierungsvorschriften abhängt. Sie können international sehr unterschiedlich sein. Während beispielsweise das deutsche Handelsgesetzbuch (HGB) den Gläubigerschutz in den Vordergrund stellt und Vermögenswerte sehr konservativ bewertet, sind die Rechnungslegungsvorschriften des International Financial Reporting Standards (IFRS) eher eine Informationsquelle für die Eigentümer eines Unternehmens. Im HGB werden Vermögenswerte zu Anschaffungskosten bilanziert, wohingegen nach IFRS ihre Marktwerte im Vordergrund stehen. Deswegen gibt es in HGB-Bilanzen regelmäßig stille Reserven, sprich Werte, die in den Bilanzen nicht stehen, aber in Wirklichkeit vorhanden sind. Beispielsweise steht bei Immobilien der Kaufpreis in der Bilanz – die Objekte sind meist bei Verkauf jedoch deutlich mehr wert, weil der Markt sie anders bewertet.

Wenn Unternehmen zu einem sehr niedrigen KBV gehandelt werden, wie das 2024 bei der Deutschen Bank mit 0,52* der Fall war, kann das auch als großes Misstrauen des Marktes in die Buchhaltung interpretiert werden. Anleger könnten Betrug oder zumindest unsaubere Bewertungen vermuten. Hingegen weisen vor allem Wachstumsfirmen regelmäßig ein hohes KBV aus, was die Erwartung steigender Gewinne widerspiegelt. Zusätzlich kaufen diese Unternehmen häufig auch andere Unternehmen zu hohen Preisen auf, was das KBV erhöht. Zahlt ein Unternehmen nämlich mehr als den Buchwert, wird die Differenz als sogenannter Goodwill (»Geschäftswert« oder »Firmenwert«) verbucht. Es ist ein immaterieller Vermögensposten. In langen Boomphasen an der Börse wachsen regelmäßig die Goodwill-Werte in den Unternehmensbilanzen. Oftmals muss das übernehmende Unternehmen eine Prämie auf den aktuellen Börsenkurs bezahlen, um überhaupt die Kontrollrechte zu erhalten.

---

* Stand: 13.12.2024

Während 1990 die wertvollsten Unternehmen der Welt Industrieunternehmen mit großen Produktionsanlagen waren (beispielsweise IBM, ExxonMobil und General Electric), sind dies heute vornehmlich die IT-Giganten, deren Wert sich aus dem Wissen und Können der Mitarbeiter ableitet (beispielsweise Facebook/Meta, Google/Alphabet, Amazon, Apple und Microsoft). Eine Bewertung dieser Firmen anhand des Kurs-Buchwert-Verhältnisses ist eigentlich unmöglich. Auch wenn das KBV insgesamt eine interessante Kennzahl ist, ist seine Anwendung vor allem beim internationalen Vergleich von Aktien wenig aussagekräftig.

Kurs-Umsatz-Verhältnis

Das Kurs-Umsatz-Verhältnis (KUV) erhalten Sie, indem Sie die Marktkapitalisierung eines Unternehmens, sprich den Börsenwert aller gehandelten Aktien, ins Verhältnis zu seinem Umsatz setzen. Hierbei wird der Gewinn des Unternehmens explizit nicht berücksichtigt. Diese Kennzahl eignet sich zur Beurteilung von Unternehmen, die starken Zyklen unterliegen und zwischenzeitlich Verluste erwirtschaften.

Weil verschiedene Unternehmen aber unterschiedliche Gewinnmargen haben, sind sie nicht über das KUV vergleichbar. Was dies genau bedeutet, sieht man am Beispiel BMW: Im Jahr 2019 erzielte BMW mehr als 104 Milliarden Euro Umsatz. Davon entfallen jedoch mehr als drei Viertel auf Bauteile von Zulieferern. Google hat 2022 einen Umsatz von 148 Milliarden Euro erzielt. Mit 31 Milliarden Euro Gewinn erwirtschaftete Google sechsmal so viel wie BMW mit 5 Milliarden Euro.

In der Wirtschaftspresse werden Umsatzzahlen häufig genannt, weil dadurch auch die Bedeutung des Unternehmens im Hinblick auf seine Arbeitsplätze – bei niedriger Marge auch indirekt für die Zulieferer – ersichtlich wird. Für die Unternehmensbewertung ist die Kennzahl aber kaum geeignet.

Dividendenrendite

Die Dividendenrendite setzt die Dividende eines Unternehmens ins Verhältnis zu seiner Marktkapitalisierung. Weil die Dividende der Rückfluss aus der Investition in eine Aktie ist, ist die Dividendenrendite eine sehr interessante Kennzahl. Typischerweise zahlen nur starke Unternehmen eine hohe Dividende. Bei der Betrachtung müssen Sie jedoch berücksichtigen, dass Unternehmen häufig eine Konstanz bei der Dividendenzahlung anstreben und auch gelegentlich bei schlechter Unternehmensentwicklung eine Dividende zahlen.

Durch diese Dividendenpolitik eines Unternehmens bildet sich auch eine bestimmte Klientel im Aktionärskreis. Pensionsfonds oder auch ältere Aktionäre legen Wert auf eine Dividende, weil sie diese zur Finanzierung des Ruhestands benötigen. Junge Anleger verzichten eher auf eine Dividende, wenn das Unternehmen das Geld selbst besser investieren kann.

Zahlt ein Unternehmen eine besonders hohe Dividende, weil der gesamte Firmengewinn ausgeschüttet wird, ist dies nicht unbedingt ein gutes Signal: Es ist schlichtweg ein Anzeichen dafür, dass das Management keine Ideen mehr hat, wie es mit dem vorhandenen Geld das Geschäft entlang der heutigen Wertschöpfungskette ausweiten könnte. Normalerweise sollte das Management immer Investitionsmöglichkeiten finden, bei denen mit kleinen Mitteln angrenzende Geschäftsbereiche erschlossen werden können. Dadurch sollte eine Reinvestition (»Thesaurierung«) im Kerngeschäft eine höhere Rendite für die Aktionäre bringen als in einem Fall, in dem diese die ausgeschüttete Dividende selbst neu investieren müssen.

Eine weitere Form der Finanzanalyse ist neben der Fundamentalanalyse die Technische Aktienanalyse, die oftmals auch als Chartanalyse bezeichnet wird.

VII.2 Technische Aktienanalyse

Im Zuge der Technischen Aktienanalyse wird aus der Historie des Aktienkurses sowie des Börsenumsatzes ein günstiger Kauf- oder Verkaufszeitpunkt ermittelt. Hierbei schauen Sie sich quasi die Charts detailliert an. Ob diese technische Aktienanalyse funktioniert, ist stark umstritten. Während Akademiker in den meisten Studien keinen Prognosewert finden, sieht die Investmentpraxis oft einen Nutzen. Bereits die Tatsache, dass extrem viele Daytrader mithilfe der Charttechnik Signale ermitteln, führt zu einer sich selbsterfüllenden Prophezeiung. Viele Marktteilnehmer setzen Limit-Orders (Kauf beziehungsweise Verkauf bis zu einem gewissen Kurs) oder Stop-Loss-Orders (Kauf beziehungsweise Verkauf bei Über- beziehungsweise Unterschreiten einer bestimmten Schwelle) an besonderen Marken, sprich Kurswerten. Wird eine dieser Marken erreicht, löst das automatisch viele Trades aus und die Analyse hat sich als korrekt erwiesen.

Zu prognostizieren, wohin sich der Kurs entwickeln wird, ist aber in den meisten Fällen sehr schwierig. Wenn nicht gerade prominente Ereignisse anstehen, die auch bei vielen anderen Tradern im Fokus stehen, gibt es keine selbsterfüllende Prophezeiung. Entscheidend ist daher, nicht eine Aktie mit einer Vielzahl von Prognosewerten zu bewerten, sondern nur besonders signifikante Werte zu nutzen.

Aufbauend hierauf existieren Momentum-Strategien: Aktien, deren Kurse stark steigen und die dadurch ein »Momentum« (man könnte sagen: genügend Schwung) aufweisen, steigen meist noch eine Weile weiter. Dies liegt daran, dass sie vermehrt in den Nachrichten erscheinen und immer mehr Aufmerksamkeit bekommen. In der Finanzwissenschaft herrscht weitgehend Einigkeit, dass solche Momentum-Strategien funktionieren. Es erscheint daher sinnvoll, das Anlageuniversum bewusst nach Momentum-Marken zu filtern [91], [92]. Momentum-Strategien klingen sehr verlockend, aber sie sind nicht ungefährlich. Wenn man den Absprung verpasst, fallen solche Aktien besonders tief. Deswegen ist eine Kombination mit Fundamentaldaten sinnvoll. Wenn kurzfristige Kursverluste bei einem Verkauf das Trading-Ergebnis belasten würden, kann man die betreffende Aktie bei guten Fundamentaldaten auch längerfristig im Portfolio behalten.

Schauen wir uns diese besonderen Kurs-Marken oder Kurs-Werte einmal genauer an. Davon existieren etliche, die zusammenfassend als technische Indikatoren bezeichnet werden. Sie werden genutzt, um Kursverläufe zu quantifizieren und auf relevante Informationen zu reduzieren. Solche Indikatoren ändern sich häufiger als Fundamentaldaten, weswegen sie eher von aktiven Investoren verwendet werden, die ihr Portfolio häufiger anpassen. Im weiteren Verlauf stellen wir kurz die wichtigsten Indikatoren inhaltlich vor. Auf eine Darstellung in Formeln und auf die Berechnung wird verzichtet, da es hier nur darum geht, ein Grundverständnis zu entwickeln.

Die einfachsten Indikatoren sind Trendfolge-Indikatoren. Sie zeigen, ob sich eine Aktie gerade in einem Aufwärts- oder einem Abwärtstrend befindet. Die Indikatoren folgen einem Trend, weil sie zeitverzögert anhand der Kursentwicklung ermittelt werden. Man sieht diese Trends direkt im Chart – entweder zeichnet sich eine steigende Kurve ab oder eine sinkende. Trendfolge-Indikatoren können genutzt werden, um Momentum-Strategien – wie bereits erwähnt – zu verfolgen.

Den Gegensatz zu Trendfolge-Indikatoren bilden Oszillatoren. Diese sind Wendepunkte im Kursverlauf. Sind Werte »überkauft« beziehungsweise »überverkauft«, deutet sich eine Trendumkehr an. Sprich, die Spitze des Auftstiegs oder der Boden des Abstiegs scheint erreicht zu sein. Für diese Oszillatoren gibt es zahlreiche Berechnungsformen. Der bedeutendste Oszillator ist der Relative Strength Index (RSI), der die Auf- und Abwärtsbewegungen eines Basiswerts über die Zeit in Relation setzt. Die Herleitung dieses Indikators ist etwas komplexer und wird hier nicht vollzogen.* Meist werden die vergangenen 14 Tage des Kursverlaufs betrachtet. Der Indikator schwankt zwischen 0 Prozent und 100 Prozent. Gibt es sehr viele Aufwärtsbewegungen, ist der Wert des Indikators entsprechend hoch. Bei Werten über 70 Prozent wird von einem überkauften Markt gesprochen, bei Werten unter 30 Prozent spricht man von einem überverkauften Markt. Ein überkaufter Markt könnte darauf hindeuten, dass eine Kurskorrektur bevorsteht, weshalb Investoren hier vorsichtig agieren oder durch einen Verkauf des entsprechenden Titels Gewinne sichern sollten. Umgekehrt kann ein überverkaufter Markt als Signal für eine mögliche Erholung genutzt werden, was Investoren dazu veranlassen könnte, günstige Einstiegspunkte zu suchen.

Die Advance-Decline-Linie ist ein weiterer Indikator. Dieser zeigt, ob an der Börse mehr Aktien steigen oder fallen. Dafür wird täglich die Differenz zwischen der Anzahl gestiegener und gefallener Aktien berechnet und diese Werte werden über die Zeit aufsummiert. Ein steigender Wert bedeutet, dass mehr Aktien steigen als fallen, was auf eine breite Markterholung hinweist. Ein fallender Wert zeigt das Gegenteil – es fallen mehr Aktien als steigen. Im Jahr 2023 stieg der S&P 500 Index um 24 Prozent, allerdings wurde der Anstieg fast ausschließlich durch die »Magnificent Seven« getragen: Apple, Microsoft, Nvidia, Amazon, Meta, Tesla und Alphabet [93]. Würde man aus dem US-amerikansichen Börsenindex S&P 500 diese sieben Aktien herausrechnen, so gäbe es hier nur sehr geringe Gewinne. In einer

---

* Für Interessierte: Der Relative Strength Index (RSI) wird berechnet, indem zunächst die durchschnittlichen Aufwärtsbewegungen eines Basiswerts durch die durchschnittlichen Abwärtsbewegungen innerhalb eines definierten Zeitraums, meist 14 Tage, geteilt werden. Dieser Wert wird als Relative Stärke (RS) bezeichnet. Anschließend wird der RSI mit der Formel »100 minus 100 geteilt durch 1 plus RS« berechnet. Werte über 70 weisen auf einen überkauften Markt hin, während Werte unter 30 auf einen überverkauften Markt hindeuten.

Berechnung von Januar bis September erzielte dieser »S&P 493 Index« eine Rendite von 0 Prozent, während die Magnificent Seven um über 50 Prozent zulegen konnten [94]. Eine derartige Konzentration gab es in der Börsengeschichte noch nicht. Hätte man also nur die Magnificent Seven gekauft, wäre das Portfolio im Vergleich zum S&P 500 um 26 Prozent-Punkte stärker gestiegen.

VII.3 News Trading und Social Trading

Viele Anleger nehmen Nachrichten zu Unternehmen als Anlass für ein Investment. Wenn ein Unternehmen im Nachrichtenfeed erscheint, gewinnt es automatisch Aufmerksamkeit.* Wer versucht, diesen Effekt auszunutzen, indem er bei Nachrichten auf Kurseffekte spekuliert, betreibt sogenanntes News Trading. Beim News Trading gilt es zu berücksichtigen, dass häufig ein Teil der Nachrichten schon im Kurs enthalten ist. Viel wichtiger als die Neuigkeit selbst ist die relative Abweichung zu den Erwartungen aller Anleger. Häufig werden von professionellen Informationsdiensten Analystenerwartungen abgefragt und aufbereitet. Hier kann man einfach sehen, mit welchen Zahlen der Markt rechnet. Siemens kann einen hohen Gewinn melden und trotzdem im Aktienkurs einbrechen, weil sich die Anleger viel bessere Zahlen erhofft haben.

Noch vorsichtiger sollten Sie beim »Social Trading« sein: Soziale Netzwerke und Börsen haben eine Gemeinsamkeit, die sogenannte positive Rückkopplung. Je mehr Menschen in einem sozialen Netz-

---

* Die sogenannte Aufmerksamkeitsökonomie ist ein Teilbereich der Informationsökonomie und beschäftigt sich wissenschaftlich mit der Verarbeitung von Informationen. Weil die Aufmerksamkeit von Menschen ein knappes Gut ist und immer mehr Informationen über das Internet kostenfrei zur Verfügung stehen, entsteht ein Wettbewerb um Aufmerksamkeit [95].

werk angemeldet sind, desto interessanter ist es für neue Mitglieder. Bei Börsen hilft es dem eigenen Portfolio ebenso, wenn immer mehr Menschen auf die eigene Meinung einschwenken und diejenigen Aktien kaufen, die man selbst besitzt. In gewisser Weise machen sich Marktschreier damit ihren Markt selbst: Sie profitieren von Anlegern, die blind ihren Aktientipps folgen. Denn das steigert zunächst den Wert dieser Aktien. Wer als Anleger darauf hereinfällt, schickt im schlimmsten Fall den Kaufauftrag an den Markt, über den der vermeintliche Experte seine eigenen Aktien verkauft. In professionellen Foren ist es üblich, dass Analysten über ihre eigenen Positionen Auskunft geben und damit einen etwaigen Interessenkonflikt offenlegen. Bei Social-Media-Plattformen für Privatanleger ist dies aber häufig nicht der Fall, sodass zusätzlich Obacht geboten ist.

VII.4 Berühmte Aktienauswahlstrategien

Es gibt viele berühmte Aktienauswahlstrategien. Wir wollen die aus unserer Sicht bedeutendsten und relevantesten vorstellen, die bis jetzt in diesem Buch noch keine Erwähnung gefunden haben. Beginnen wir mit einem neuen Wissenschaftsgebiet: Die evolutionäre Finanzmarktforschung (»evolutionary finance«). Sie versucht mithilfe biologischer Modelle die Dynamik der Finanzmärkte zu erklären. Dabei wird unterstellt, dass einzelne Anlagestrategien untereinander im Wettbewerb um Anlagekapital stehen. Um nun die beste Strategie zu entdecken, lässt man alle gewählten Strategien in Computersimulationen gegeneinander antreten. So wird herausgearbeitet, welche Strategie die höchste Überlebenswahrscheinlichkeit hat. Der deutsch-schweizerische Professor Thorsten Hens gilt als führender Wissenschaftler in dieser Disziplin und forscht an der Eidgenössischen Technischen Hochschule Zürich. Er zeigt, dass langfristig die

Strategie am erfolgreichsten ist, die Aktien nach ihrer Dividendenrendite gewichtet [96].

Diese Strategie der Gewichtung nach der Dividendenrendite ist in der Praxis schon lange als »Dogs-of-the-Dow«-Strategie bekannt [97]. Am ersten Tag eines Jahres kauft der Anleger die besten zehn Dividendentitel des Dow Jones Index, gewichtet nach der Dividendenrendite,* und hält sie genau ein Jahr. Danach wird in die nächsten zehn besten Dividendentitel umgeschichtet.

Eine Erklärung für die langfristige Überlegenheit dieser Strategie ist die Tatsache, dass nur starke Unternehmen Dividenden bezahlen können. Langfristig korrelieren Gewinne und Kurse von Unternehmen stark. Wenn die Gewinne und damit die Dividenden stark wachsen, wird der Aktienkurs ziemlich sicher folgen. Aber nicht jedes starke Unternehmen zahlt auch tatsächlich Dividenden. Warren Buffett hat nur einmal in der Firmengeschichte von Berkshire Hathaway eine Dividende gezahlt. Rückblickend sieht er die Dividendenzahlung als großen Fehler an, weil er als professioneller Investor ja das Geld wieder profitabler anlegen kann, als es seine Aktionäre können. Wer Geld benötige, solle besser die Aktien verkaufen.

Die deutsche Börse hat 1999 mit dem DivDAX einen Index mit den 15 dividendenstärksten Aktien des DAX geschaffen. Seit Auflage ist dieser Index um +385 Prozent gestiegen, wohingegen der gesamte DAX nur um +285 Prozent gestiegen ist bis 2024.**

---

* Für Interessierte: Um die Gewichtung der »Dogs of the Dow« nach Dividendenrendite zu berechnen, wird zuerst die Dividendenrendite jeder der zehn ausgewählten Aktien ermittelt, indem die jährliche Dividende durch den aktuellen Aktienkurs geteilt wird. Anschließend werden die Dividendenrenditen aller zehn Aktien summiert, um die Gesamtrendite zu erhalten. Die Gewichtung jeder Aktie ergibt sich, indem die Dividendenrendite der Aktie durch die Gesamtrendite geteilt wird. Schließlich wird das verfügbare Kapital mit der jeweiligen Gewichtung multipliziert, um den Betrag zu bestimmen, der in jede Aktie investiert wird.

** Stichtag: 13.12.2024, Onvista.

Die »Dogs-of-the-Dow«-Strategie kann jedoch kurzfristig auch eine deutliche Underperformance aufweisen. Dies geschieht vor allem in Phasen starker Euphorie und starken Wachstums, wie in der vergangenen Dekade, wo gerade die Big-Tech-Unternehmen Apple, Amazon, Facebook und Google wesentlicher Treiber des Aktienmarkts waren, aber kaum Dividenden ausschütteten. Sie investierten ihre Gewinne lieber in ihr eigenes Wachstum.

Eine weiterer Ansatz ist die Contrarian-Strategie, wo besonders unbeliebte Aktien gekauft werden. Als Anleger schwimmt man damit sozusagen gegen den Strom. Wenn man richtig liegt und der ganze Markt später den Wert erkennt, winken hohe Gewinne. Allerdings ist diese Strategie psychologisch besonders anspruchsvoll. Wer stellt sich schon gerne komplett gegen die Mehrheitsmeinung? Sie sollten dies nur dann machen, wenn Sie ein hohes Vertrauen in die Informationen haben, auf die Sie zugreifen. Dass nämlich der gesamte Markt eine starke Unterbewertung nicht sieht, ist sehr unwahrscheinlich.

Der wahrscheinlich beliebteste Ansatz wählt gar keine einzelnen Aktien aus. Anleger, die diesen Ansatz verfolgen, suchen sich einen Index auf Basis von Fundamentalanalysen aus und investieren regelmäßig in Raten in den Kauf eines entsprechenden Indexfonds. Dieser Indexfonds wird monatlich mit einem fixen Betrag, wie zum Beispiel 50 Euro, bespart. Wer so vorgeht, macht sich die zeitliche Diversifikation zum Freund. Die Zeit ist nämlich bei Renditeerwartung auf der Seite des Investors. Die Wahrscheinlichkeit, dass die zu erwartende Durchschnittsrendite erreicht wird, steigt mit zunehmendem Anlagehorizont. Zwar lassen sich damit kaum Überrenditen im Vergleich zu einer Benchmark erhalten, jedoch recht verlässlich eine substanzielle Wertentwicklung.

Eine schöne Veranschaulichung dieses Ansatzes findet sich im DAX-Rendite-Dreieck des Deutschen Aktieninstituts [98]. Hier ist zum Stichtag 31.12.2017 die tatsächliche Rendite des DAX-Index seit 1967 abgebildet. Zwar wurde der DAX-Index erst am 1. Juli 1988 ein-

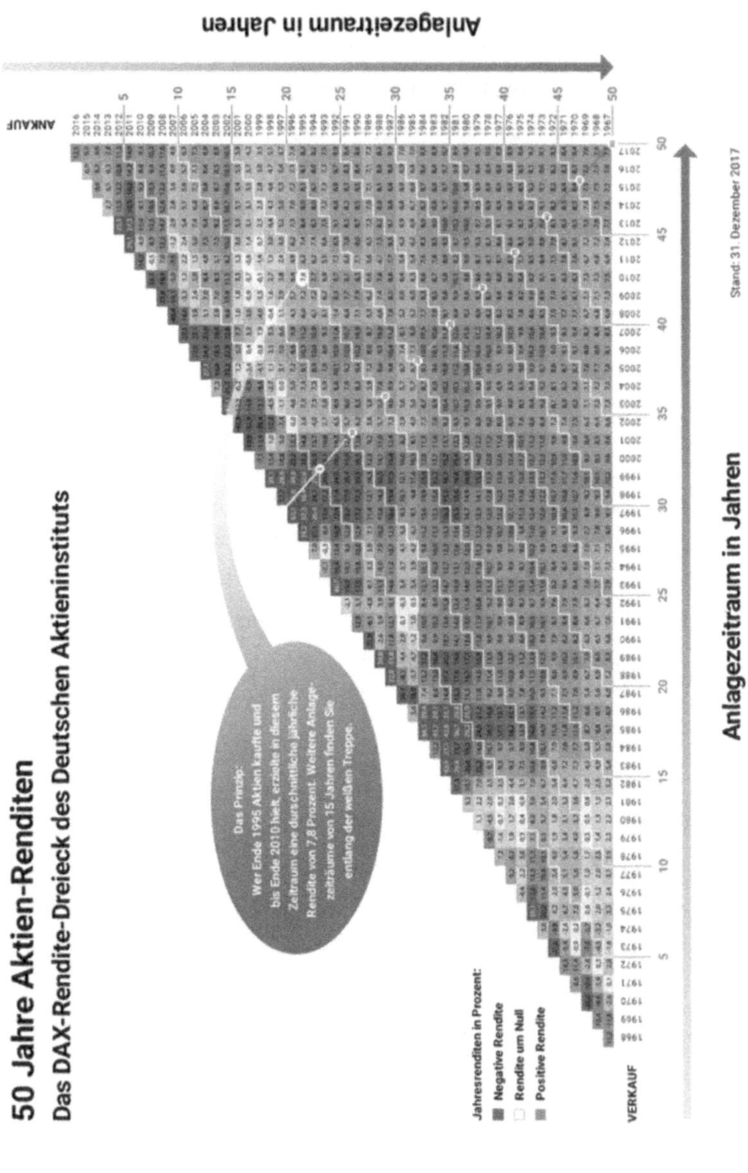

Abb. 6: DAX-Rendite-Dreieck über 50 Jahre

Quelle: eigene Darstellung, in Anlehnung an Fey (2024) [98]

geführt, jedoch ist er eine Fortführung des Index der Börsen-Zeitung, der im Jahr 1959 aufgelegt wurde. Auf der Y-Achse ist der Zeitpunkt des Kaufs und auf der X-Achse der Zeitpunkt des Verkaufs abgetragen.

Man sieht bereits, dass die Quote negativer Anlagerenditen und auch die Bandbreite der Durchschnittsrenditen mit zunehmender Zeit sinkt. Ein Anleger mit 15 und mehr Jahren Anlagedauer hätte kein einziges Investment mit negativer Durchschnittsrendite getätigt. Je länger ein Anleger investiert, umso geringer wird die Streuung der Durchschnittsrendite p.a. und umso sicherer kann er davon ausgehen, kein Geld zu verlieren und die Risikoprämie von Aktien (siehe Kapitel I.4) zu verdienen.

Als Letztes möchten wir Ihnen das sogenannte Kapitalmarktmodell vorstellen. Es ist vor allem in Universitäten weitverbreitet und stellt durch verschiedene Annahmen eine Berechnungsmöglichkeit für die optimale Aktienauswahl auf Basis von einer Rendite-Risiko-Beziehung dar. Das Modell, auch bekannt als »Capital Asset Pricing Model« oder CAPM-Modell, zeigt einen linearen Zusammenhang von Rendite und Risiko. Vorweg einige Annahmen: Alle Marktteilnehmer sind rational, sprich handeln nach vollkommen logischen Gesichtspunkten. Alle haben die gleichen Informationen. Das betrachtete Risiko wird dadurch nun auf das systematische Risiko reduziert. Dieses Risiko lässt sich nicht durch Diversifikation, sprich der Veränderung der gehaltenen Aktienanteile, beseitigen.

Lassen Sie uns dies an folgendem Beispiel erläutern: Wenn ich nur die Siemens-Aktie in meinem Portfolio halte, wird diese wie andere Unternehmen auch durch das allgemeine Zinsniveau oder den Währungskurs beeinflusst (dies entspricht dem systematischen Risiko). Es könnte aber auch sein, dass Siemens ein korruptes Management hat, das Entscheidungen nicht im Sinne der Anleger trifft. Dies beträfe nur Siemens und wäre das sogenannte unsystematische Risiko. Der Kapitalmarkt vergütet dieses Risiko nicht, weil es sich durch Bündelung der Siemens-Aktie in einem Portfolio weitgehend ausschließen ließe. Der seltene Fall eines schlechten Managements würde in einem Portfolio mit 30 Werten kaum ins Gewicht fallen. Wenn ein Anleger sich trotzdem nur für eine Aktie entscheidet und kein Portfolio aus mehreren Aktien bildet, wird er nicht vom Markt für die unterlassene Diversifikation entschädigt.

VII.5 Die richtige Strategie finden

Bislang haben Sie viele Ansätze kennengelernt, um in Aktien zu investieren. Aber welche Strategie sollten Sie nun konkret umsetzen?

Erfolgreiche Anleger verwenden in der Praxis häufig eine Mischung. Sie betrachten bei einer Anlageentscheidung verschiedene Signale, die sie in verschiedenen Situationen unterschiedlich gewichten. Eine Festlegung auf eine einzelne Strategie ist wenig ratsam. Wer eine Aktie analysiert, kann ein Punktesystem vergeben und dadurch eine Gesamtbetrachtung aus mehreren Perspektiven ableiten. Die renommierte Website Seeking Alpha vergibt zu jeder Aktie fünf Werte: Neben der Bewertung – wie teuer oder günstig eine Aktie im Vergleich zu ihrem echten Wert ist – spielen auch Wachstum, Profitabilität, Momentum und Revisionen eine Rolle. Mit dem Begriff »Revisionen« wird beschrieben, wie häufig sich Analysteneinschätzungen in der jüngsten Zeit geändert haben [99].

Wenn gerade keine Euphorie an der Börse herrscht, sind Unternehmen mit einer soliden Bilanz meist beliebter. In solchen Zeiten sollten Sie eher einen fundamentalen Score wie Profitabilität berücksichtigen. Wenn sehr viele schlechte Nachrichten gemeldet wurden und bereits viele Revisionen von Analysten vorliegen, sind die schlechten Nachrichten vermutlich schon vollständig im Kurs enthalten. Sollte die Stimmung an der Börse sehr gut sein, werden Wachstum und Momentum stärker gewichtet. Wenn Sie unabhängig davon eine fundamentale Analyse mit einer günstigen Bewertung durchführen, sollten Sie dementsprechend kaufen – auch unabhängig von der Gesamtmarkterwartung.

Falls Sie keinem dieser Scores vertrauen oder eigene Scores entwickeln möchten, bewerten Sie das Geschäftsmodell des Unternehmens. Stellen Sie sich die zentralen Fragen aus Sicht des Unternehmens: Wird das Geschäft in einigen Jahren noch existieren? Wenn ja, warum und wie groß wird es sein? Evaluieren Sie für sich selbst – sehe ich eine positive Zukunft oder nicht?

VII.6 Geschichte aus der Welt der Aktien

Manche Dinge sind zu gut, um wahr zu sein. Meist sind solche Dinge dann auch wirklich nicht wahr. Ein ganz besonders prominenter Fall war das Unternehmen Wirecard, ein in Aschheim bei München ansässiger Zahlungsdienstleister. Der Betrieb entstand 1998 als Ausgründung der Securitas Internet Systems GmbH. Ende 2004 wurde dieser per Sacheinlage mit der börsennotierten InfoGenie AG verschmolzen, die mangels Geschäft zum leeren Börsenmantel geworden war. Seit diesem sogenannten Reverse-IPO«* war Wirecard

* IPO steht für Initial Public Offering und damit für den deutschen Begriff »Börsengang«. Bei einem Börsengang gibt ein Unternehmen neue Aktien aus und sammelt dadurch Geld von Aktionären ein (Primärmarkt, siehe I.1). Manchmal allerdings gibt es Aktiengesellschaften, die kein Geschäft mehr verfolgen und trotzdem noch an der Börse existieren. Ihre Aktien notieren für wenige Cent (»Penny Stocks«). Gelegentlich werden solche »Börsenmäntel« aufgekauft, damit dann ein neues Geschäft per Sacheinlage eingebracht wird (das Geschäft wird durch den Wirtschaftsprüfer bewertet und in Geldeinheiten umgerechnet, für die es dann neue Aktien gibt). Warum machen Investoren dies, wenn sich ein bestehendes Geschäft doch auch durch einen normalen Börsengang an die Börse bringen ließe? Bei einem normalen Börsengang muss das Unternehmen einen Börsenprospekt veröffentlichen, für dessen Wahrheitsgehalt das Unternehmen und das Management haftbar gemacht werden können. Durch den Börsenmantelkauf lässt sich dies umgehen. Wenn allerdings das Management diese umfassende Verpflichtung wirklich umgeht, ist das meist kein gutes Zeichen. Das hat auch Wirecard wieder unter Beweis gestellt. Man nennt diesen Vorgang auch »Reverse-IPO«.

börsennotiert. Ein gewisser Markus Braun wurde zum Vorstandsvorsitzenden. Das Unternehmen verdiente sein Geld vorwiegend im Bereich der Abwicklung von Zahlungstransaktionen für Glücksspielseiten und pornografische Websites im Internet. Es folgten Jahre starken Wachstums, das selbst dann nicht unterbrochen wurde, als George W. Bush Ende 2006 Zahlungsanbietern verbot, Geld an die Betreiber von Online-Glücksspielseiten zu überweisen.

Seit 2008 gab es in Internetforen die ersten Zweifel an der Börsengeschichte von Wirecard. Das Unternehmen reagierte mit einer Einschüchterung von kritischen Analysten und verstand es geschickt, die Politik für sich zu gewinnen [100]. Spätestens nachdem Wirecard im September 2018 in den DAX aufgenommen worden war, sahen viele im Aschheimer Unternehmen die deutsche Antwort auf die IT-Stars aus dem Silicon Valley oder aus China. Als die renommierte *Financial Times* ausführlich über das Unternehmen berichtete und nachdrücklich einen Betrugsverdacht formulierte, begann die Bundesanstalt für Finanzdienstleistungsaufsicht (BaFin), wegen angeblicher Falschinformation gegen die Journalisten zu ermitteln. Untersuchungen bei Wirecard wurden nicht eingeleitet. Im Zuge der Beschuldigungen erhielt das Unternehmen auf Druck der Anleger mit Thomas Eichelmann einen neuen Aufsichtsratsvorsitzenden, der eine Sonderprüfung der Bücher durch einen zweiten Wirtschaftsprüfer veranlasste.

Der langjährige Wirtschaftsprüfer Ernst & Young hatte die Bilanzen der Vorjahre jeweils bestätigt, jedoch verweigerte der Sonderprüfer KPMG das Testat für die Bilanz – sprich die Bescheinigung, dass die Bücher stimmen. Im Juni 2020 musste Wirecard einräumen, dass 1,9 Milliarden Euro in den Bilanzen fehlten. Das Unternehmen mit einer vorherigen Marktkapitalisierung von bis zu 25 Milliarden Euro implodierte buchstäblich und hinterließ Tausende betrogene Anleger.

Aber wie konnte es sein, dass der Betrug so lange trotz regelmäßiger kritischer Berichterstattung unerkannt blieb? Markus Braun und sein für das Tagesgeschäft zuständiger Vorstandskollege Jan Marsalek hatten das Unternehmen zweigeteilt. Auf der einen Seite gab es das eher mäßig erfolgreiche, weil margenschwache Zahlungsgeschäft in Europa und in den USA. Auf der anderen Seite gab es das stark wachsende Geschäft in Asien, das die Zahlen für die Erfolgsgeschichte an der Börse lieferte. Weil Wirecard keine eigenen Tochterunternehmen mit bankaufsichtsrechtlichen Zulassungen in Asien hatte, wickelte das Unternehmen dieses Geschäft angeblich über Drittpartner ab. Für diese Drittpartner müsse Wirecard angeblich Sicherheiten stellen, deswegen müssten in Asien bei zwei Geschäftsbanken Konten in Höhe von 1,9 Milliarden Euro vorgehalten werden. Die dafür nötigen Bankbestätigungen hatte das Unternehmen einfach gefälscht, und niemand hatte das überprüft.

Der vom Aufsichtsrat berufene Nachfolger von Markus Braun, James Freis, berichtete in einem Interview des Handelsblatts, dass er innerhalb von nur einer Stunde den Betrug gefunden habe. Bei der Pressekonferenz am Tag nach seinem Amtsantritt wurde der Schaden öffentlich. Seinen Befund hatte er am Morgen des 22. Juni dem Aufsichtsratsvorsitzenden mitgeteilt, der daraufhin den Vorstand seiner Aufgaben enthob.

Freis hatte schnell erkannt, dass es sehr ungewöhnlich ist, dass Konten zur Absicherung von Geschäften in Asien in Euro geführt werden. In der Branche ist es üblich, hier nationale Währungen und im Ausnahmefall den US-Dollar als Kontowährung zu verlangen. Auch wurden die betreffenden Konten nicht mit Negativzinsen belastet, was für größere Euro-Beträge aufgrund der EZB-Strafzinsen damals aber üblich war. Warum sollten zwei asiatische Banken Wirecard jährlich Millionen Euro schenken? James Freis besorgte sich die öffentlichen Bilanzen der beiden Banken und fand auf diese

Weise heraus, dass die Gesamtsumme der ausgewiesenen Konten nur ein Zehntel des Guthabens betrug, das Wirecard selbst ausgewiesen hatte.

Der Wirecard-Fall zeigt eindrucksvoll, dass selbst ausgewiesene Zahlen nicht ausreichen, um ein Investment abschließend beurteilen zu können. Investoren müssen stets kritisch bleiben und ein starkes Augenmerk auf die Vertrauenswürdigkeit des Managements legen. Aber wie können Privatanleger die Zahlen besser prüfen als Wirtschaftsprüfer?

Ein einfacher Trick könnte das Benforsche Gesetz [101], [102] aus der Statistik sein: Die führenden Ziffern bei Zahlen sind nicht gleich verteilt.Die Zahl 1 kommt etwa achtmal so häufig wie die Zahl 9 vor, weil die Zahlen entsprechend hochlaufen. Betrüger sind meist keine Statistiker und fälschen Daten in einer Weise, dass die Verteilungsfunktion von der zu erwartenden Funktion abweicht. Man sollte also immer kritisch bleiben.

VII.7 Checkliste und To-dos

Checkliste

Ich habe gelernt, dass …

- die **fundamentale Analyse** oft aus der Bewertung des Unternehmens durch **Kennzahlen** und **Nachrichten** besteht.
- die **technische Analyse** auf der Auswertung von **Charts** beruht und in der Praxis stark verbreitet ist, aber in den akademischen Kreisen **nicht anerkannt** wird.
- **News Trading** und **Social Trading einfache Strategien** sind, um Aktien auszuwählen.
- es **zahlreiche Aktienauswahlstrategien** gibt, die eigene Vorteile und Nachteile haben, und welche das sind.
- ich meine **eigene** Strategie als **Mischung** von mehreren Ansätzen etablieren sollte.
- selbst **Informationen** an der Börse **falsch sein können** und ich sie immer **hinterfragen** sollte, wie im Fall von Wirecard.

To-dos

In der nächsten Woche werde ich …

- mir eine Aktie aussuchen und sie fundamental sowie technisch analysieren.
- mir eine Strategie zum Kauf beziehungsweise Verkauf dieser Aktie überlegen und meinen Erfolg anhand der Kursentwicklung dieser Aktie prüfen (ohne sie gleich kaufen zu müssen).

VIII.

TYPISCHE FEHLER BEI DER AKTIENAUSWAHL UND WIE MAN SIE VERMEIDET

Auch die Ökonomie hat erkannt, dass Menschen keine vollkommen rationalen Wesen sind. So hat der Nobelpreisträger Daniel Kahneman die Grundlagen der Verhaltensökonomik und integrierte Erkenntnisse der Psychologie in wirtschaftlichen Entscheidungsprozessen ergründet. In seinem Weltbestseller *Schnelles Denken, langsames Denken (Thinking, Fast and Slow)* fasst er die Forschungsergebnisse von Jahrzehnten zusammen [33]. Seine zentrale These besteht darin, dass es zwei unterschiedliche Arten des Denkens gibt: das schnelle, instinktive und emotionale System 1 sowie das langsame, abwägende und logische System 2. Menschen versuchen möglichst oft, Probleme mit dem schnellen System 1 zu lösen, weil das langsame Nachdenken anstrengend ist und viel Kraft kostet. Deswegen bilden Menschen viele Faustregeln, mit denen sie schnelle Bauchentscheidungen treffen können. Eigentlich sollte das System 2 bei komplexen Problemen unabhängig nach der optimalen Lösung suchen. Aber wir Menschen neigen dazu, aus Faulheit und Bequemlichkeit Abkürzungen über das System 1 zu suchen.

Versuchen Sie diese These bei Freunden oder Bekannten einmal durch folgende Frage zu testen: »Ein Baseballschläger und ein Ball kosten zusammen 110 Euro. Der Schläger kostet 100 Euro mehr als der Ball. Wie viel kostet der Ball?« Die meisten Menschen reagieren schnell mit System 1 und antworten »10 Euro«. Erst Nachdenken mit System 2 bringt die Menschen zur korrekten Antwort: »5 Euro«.*

In diesem Spannungsfeld machen wir regelmäßig Fehler, die uns an der Börse bares Geld kosten können. Um Sie vor diesen typischen Fehlern zu bewahren, werden wir Ihnen im Folgenden zunächst aufzeigen, welche Fehlannahmen gängig sind, und dann, wie Sie sich dagegen schützen können.

VIII.1 Being biased: Warum Menschen nicht immer rational entscheiden

Wir starten mit Richard Thaler. Das ist ein US-amerikanischer Ökonom, der in seiner Forschung eindrucksvoll gezeigt hat, dass Menschen sich beim Handeln nicht nach Formeln richten, sondern sehr oft unlogisch und irrational vorgehen. Damit begründete er einen neuen Forschungsbereich in der Ökonomie, der unter dem Begriff »Behavioural Finance« bekannt wurde. Dieser neue Bereich ist für die Finanzwelt ausgesprochen relevant geworden [103]. »Thaler hat die Ökonomie menschlicher gemacht«, hieß es bei der Verkündung des Nobelpreises für Ökonomie, den er im Jahr 2017 für seine Forschung erhielt [104].

---

* Die Lösung des Rätsels: Ein Baseballschläger und ein Ball kosten zusammen 110 Euro, wobei der Schläger 100 Euro mehr kostet als der Ball. Rechnet man nach (2 x 5 + 100 = 110), ergibt sich, dass der Ball 5 Euro kostet und der Schläger 105 Euro – die instinktive Antwort »10 Euro« ist falsch.

Allen Menschen ist eine gewisse Irrationalität zueigen. Die Irrtümer, denen die Menschen gerne aufsitzen, werden als Biases oder Verzerrungen bezeichnet. Eine klassische ist der »Overconfidence Bias« oder auch »Above-Average-Effekt«: Menschen tendieren dazu zu sagen, dass sie besser seien als der Durchschnitt [105]. Beispielsweise würden die wenigsten von sich behaupten, ein schlechter Autofahrer zu sein; die meisten halten sich in dieser Hinsicht für überdurchschnittlich. Die genaue Herkunft dieser Phänomene ist umstritten, aber es wird oft auf eine verzerrte Wahrnehmung der Realität oder einen zu hoch angesetzten Optimismus zurückgeführt. Außerdem können soziale Normen und kulturelle Einflüsse eine Rolle spielen, indem sie bestimmte Verhaltensweisen oder Eigenschaften als wünschenswert oder ideal darstellen.

Bevor wir in Abschnitt VIII.3 noch tiefer in das Thema »Biases« eintauchen, wollen wir ein klareres Verständnis von Unsicherheit, Risiko und Unwissen bieten.

VIII.2 Unsicherheit, Risiko und Unwissen

Der Wirtschaftsnobelpreisträger Milton Friedman beschrieb mit seinem berühmten Satz »There ain't no such thing as a free lunch«, dass es unmöglich ist, etwas für nichts zu erhalten, sprich etwas wirklich komplett gratis zu bekommen. Übertragen auf den Kapitalmarkt bedeutet dies, dass Anlagen mit einem höheren Ertrag als der risikolose Zins – sprich die Zinsen, die Sie bei Ihrer Bank erhalten – ein höheres Risiko haben müssen.

Begrifflich wird oftmals zwischen Unsicherheit, Risiko und Unwissen unterschieden. Im Falle eines Risikos ist die Eintrittswahrscheinlichkeit für einzelne Ergebnisse bekannt. Bei der Unsicherheit lässt sich die Wahrscheinlichkeit der einzelnen Ergebnisse nicht messen. Beim Unwissen wiederum sind weder die Auswirkungen noch die Eintrittswahrscheinlichkeiten bekannt. Die Unterscheidung dieser Begriffe ist sehr wichtig, um eines der größten Probleme bei der Kapitalanlage zu verstehen. Privatanleger investieren meist zu defensiv, da sie oft von ihrem Unwissen geleitet werden. Sie können also weder abschätzen, was passiert, noch wie wahrscheinlich bestimmte Auswirkungen eintreten werden.* Würden die Anleger die tatsächlichen Zusammenhänge kennen, wären ihre Anlageentscheidungen viel offensiver. Bei der Risikoeinstufung im Bereich der Anlageberatung werden die Präferenzen der Kunden abgefragt. Die ganz risikoscheuen Kunden ohne Aktienerfahrung dürfen nur Staatsanleihen kaufen, die vermeintlich risikolos sind. Dass Staaten wie Griechenland in der Eurokrise Anleihen nicht zurückzahlen konnten oder dass die Inflation zu einem negativen Realzins (Zins minus Inflation) führt und damit das Kapital langfristig entwertet, wird hier übersehen. Gerade langfristig sind Aktien deutlich sicherer als Anleihen (siehe Kapitel VI.3).

Durch ihre Angst und ihr Unwissen kommen Anleger oft zu kurzfristigen Entscheidungen. Sie denken nicht langfristig. Institutionelle Anleger wie Pensionskassen orientieren sich an kurzfristigen Stichtagen, weil sie Bilanzen erstellen müssen. Deswegen denken auch sie nicht langfristig. Entsprechend erhalten langfristig attraktive Anlagen tendenziell zu wenig Nachfrage.

Die Deutschen sind hierbei besonders defensiv. Das geht so weit, dass sich hierfür schon ein eigener Begriff gebildet hat: die German

---

* In der Psychologie gibt es die sogenannte Null-Risiko-Verzerrung [106]. Wir sind zu sehr darauf bedacht, uns auf Kleinigkeiten zu konzentrieren, bis sie ganz bereinigt sind, da sie uns sonst immer in unseren Gedanken beschäftigen. Deswegen streben wir nicht das Optimum für die Gesamtsituation an. Ein unverständlicher Risikobegriff beschäftigt uns zu sehr, weswegen wir dieses Risiko besonders verdrängen. Ökonomisch ist der Preis für das Null-Risiko die entgangene Risikoprämie. Dieser Preis ist unverhältnismäßig hoch.

Angst [107]. Der Begriff »Angst« wurde aus dem Deutschen in viele Sprachen der Welt übernommen. Wenn Wissenschaftler von »German Angst« sprechen, meinen sie die Tatsache, dass Deutsche häufig zum Pessimismus neigen. Dies mag sich durch die beiden Weltkriege und die Währungsreformen erklären lassen, bei denen die Deutschen Großteile ihres Vermögens verloren haben. Angst muss nicht grundsätzlich schlecht sein, weil damit die Vorsicht vor Risiken einhergeht. Es gibt jedoch auch Fälle, in denen Angst ein großes Problem darstellt – etwa bei der Geldanlage. Hier ist emotionale Stabilität viel wichtiger als ein besonders hoher Intellekt.

VIII.3 Wichtige Biases – Teil 1

Mit der Beschreibung von Biases könnte man ein ganzes Buch füllen. Wir wollen Ihnen hier einen Überblick über die aus unserer Sicht wichtigsten und interessantesten Biases geben und aufzeigen, welche bei der Aktienauswahl am gefährlichsten sind. Da es etliche gibt, haben wir hierzu zwei Abschnittsteile erstellt. Der Erste beinhaltet die bekanntesten Biases und der Zweite, unbekanntere, aber aus unserer Sicht ebenso wichtige Biases.

Besitztumseffekt

Der Besitztumseffekt (»Endowment Effect«) wurde erstmals vom Nobelpreisträger Richard Thaler beschrieben [64]. Er beschreibt, dass Menschen ein Gut wie Gegenstände, Aktien etc. tendenziell wertvoller einschätzen, wenn sie es besitzen. Aufgrund des Besitztumseffekts schätzen Hausbesitzer den Wert ihrer Immobilie regelmäßig höher als deren Marktpreis ein. Alles, was den Besitz gefährdet, wird besonders kritisch betrachtet. Dieser Effekt erklärt auch, warum Menschen Verluste stärker bewerten als Gewinne.* Menschen halten deswegen auch übermäßig lange an Verlustpositionen fest und reden sich die Welt schön [109].

Narrative Verzerrung

Menschen erzählen gerne Geschichten, um die Welt zu vereinfachen. Sobald das Gehirn Sachverhalte mit Emotionen verknüpfen kann, kann eine Geschichte besser gespeichert werden. Der Satz »Herr Meier starb, danach starb Frau Meier« ist viel weniger einprägsam als, »Herr Meier starb, und vor lauter Trauer starb daraufhin Frau Meie«. Sobald Sachverhalte in einen emotionalen Zusammenhang gebracht werden, wird die Geschichte aufgewertet. Der Satz »Der Euro wird scheitern, weil die faulen Griechen auf Kosten von uns Deutschen leben« vereinfacht die tatsächliche Euro-Krise in einem unzulässigen Ausmaß.** Leider bleibt eine solche Aussage dennoch im Gedächtnis. Wenn bei einem Aktieninvestment Geschichten miterzählt werden, kann die gleiche Aktie unterschiedlich gesehen werden. Beispielsweise wurde beim Wirecard-Skandal das Unternehmen als die »deutsche Antwort« auf das Silicon Valley beschrieben. Durch diese ungerechtfertigte narrative Aufwertung ließen sich viele Kleinanleger täuschen, die sich nicht mit einer Bilanzanalyse (hier lag der eigentliche Betrug) auseinandergesetzt hatten [111].

---

* In gewisser Weise ähnelt er auch dem IKEA-Effekt, der beschreibt, dass Menschen selbst zusammengebauten Gegenständen einen höheren Wert beimessen als fertig gekauften Massenprodukten [108].

** Tatsächlich ist die Jahresarbeitszeit der Griechen mit 1897 Stunden knapp 40 Prozent höher als die der Deutschen mit 1343 Stunden [110]. Wenn der Euro scheitern wird, dann deshalb, weil Ungleichgewichte zwischen Ländern nicht mehr über Wechselkursanpassungen beseitigt werden können.

Der Nobelpreisträger Robert Shiller vergleicht in seinem Buch *Narrative Economics* die Verbreitung von Narrativen mit Pandemien: Je höher die Ansteckungsrate und die Reproduktion des jeweiligen Narrativs ist, umso wichtiger wird dessen ökonomische Bedeutung [112]. Die Kryptowährung Bitcoin ist ein besonders prominentes Beispiel für ein gelungenes Narrativ. Aus technischer Sicht kann das Bitcoin-Universum nur wenige Transaktionen weltweit pro Sekunde ausführen. Bitcoin ist auch kein gesetzliches Zahlungsmittel. Trotzdem ist das Narrativ, mit Technologie ließe sich fälschungssicheres Geld schaffen, das überdies durch keine Notenbank entwertbar sei, besonders verfänglich. Viele Menschen spüren, dass Technologie die Welt verändert und möglicherweise ihre Jobs kostet. Durch den Kauf von Bitcoins schließen sie sich der vermeintlichen Zukunft an und fühlen sich als Teil der neuen Finanzelite.

Wie Pandemien verlaufen Narrative auch in Wellen. Die erste Welle trug den Bitcoin-Preis über die Marke von 20.000 US-Dollar. Nach einem Sturz auf knapp 3.000 US-Dollar stieg die Kryptowährung dann auf über 60.000 US-Dollar, sank aber wieder auf 16.000 Dollar ab und stand Anfang 2025 bei über 100.000 Dollar. Weil Bitcoins keine Zinsen abwerfen, liegt das Investmentziel ausschließlich in der Erzielung von Kursgewinnen. Die Wellenbewegungen beim Bitcoin sind auch Wellenbewegungen bei Investorenzuspruch. Die erste Welle kam, nachdem der Bitcoin aus der IT-Ecke in die globale Berichterstattung aufgenommen wurde. Der zweite große Aufschwung kam während der Corona-Pandemie, als viele junge Menschen erstmals durch Neobroker an die Börse gelockt wurden. Der nächste große Aufschwung wurde dadurch angefeuert, dass traditionelle Finanzunternehmen – insbesondere der weltgrößte Vermögensverwalter BlackRock – Exchange Traded Funds (ETFs) auf den Bitcoin ankündigten. Welche Welle kommt wohl, wenn auch die traditionellen Kunden von Finanzunternehmen in Bitcoin investiert sind? Man weiß es nicht.

Conjunction Fallacy

Ein weiterer Trugschluss ist die sogenannte Conjunction Fallacy: Plausible Geschichten verzerren objektive Sachverhalte [113]. Nehmen wir als Beispiel die Geschichte vom 30-jährigen Michael Meier, der in seinem BWL-Studium zwei Auslandssemester in China verbracht hat. Welche Antwort ist wahrscheinlicher? (A) Herr Meier arbeitet für einen Automobilhersteller oder (B) Herr Meier arbeitet für einen Automobilhersteller im Bereich Zulassungsverfahren in China? Die meisten Menschen würden Antwort (B) wählen, weil seine Tätigkeit mit seiner Ausbildung Schnittmengen hat. Tatsächlich ist Antwort (A) aber viel wahrscheinlicher, weil hier keine zusätzliche Bedingung mehr erfüllt werden muss: Antwort (A) umfasst Antwort (B) und mehr.* Wenn Menschen Alternativen bewerten, lassen sie sich gerne von vorhandenen Aussagen leiten.

Ende-der-Geschichte-Illusion

Wenn Menschen Entscheidungen treffen, gehen sie meistens davon aus, dass alles so bleibt, wie es ist. Obwohl sie rückblickend sehen, dass sich ihre Meinungen im Leben öfter verändert haben, schreiben sie ihre heutigen Werte in die Zukunft fort [114]. Diese persönliche Einschätzung gilt im übertragenen Sinn auch für die Börse. Auch dort verändert sich ständig die Art und Weise, wie Menschen Wertpapiere handeln. Als Elon Musk bei Tesla einstieg, waren Batterien so schlecht, dass sie für Elektroautos kaum Reichweite boten. Wer

---

* Die Wahrscheinlichkeit, dass Ereignis A eintritt unter der Bedingung, dass das Eintreten eines anderen Ereignisses B bereits bekannt ist, kann sich dadurch deutlich verändern. In der Wahrscheinlichkeitsrechnung spricht man hier von sogenannten bedingten Wahrscheinlichkeiten. Durch das Miterzählen einer Begründung denken Menschen beim Conjunction Bias, dass unterschiedliche Wahrscheinlichkeiten vorliegen.

den Stand der Batterien in die Zukunft fortschrieb, hat damals nicht in die Tesla-Aktie investiert. Elon Musk hatte die Vision, dass sich die Batterie-Technologie weiterentwickeln und den Durchbruch für Elektroautos dadurch ermöglichen würde.

Ständig entwickelt sich die Welt weiter. Gute Investoren haben eine Vision, welche Trends ihr Investment verbessern können. Es ist ein bisschen wie beim Eishockey. Wer dorthin läuft, wo der Puck gerade ist, wird ihn verpassen. Gute Spieler müssen antizipieren, wo der Puck in den Sekunden sein wird, die sie für den Lauf benötigen. Viele Entwicklungen überschreiten auch das Vorstellungsvermögen und können noch nicht einmal mit den Worten ihrer Zeit beschrieben werden. Der Strafenkatalog des Kirchenrechts kennt zum Beispiel keine Cyber-Kriminalität. Im Mittelalter haben die Menschen über ganz andere Dinge nachgedacht als über Computer.

Herdentrieb und Gruppendenken

Beim Gruppendenken passen Individuen ihre Meinung an den vermeintlichen Konsens an. Die eigene Meinung wird unterdrückt, wenn alle einer Meinung sind und diese davon abweicht. An der Börse wird ein solches Herdenverhalten häufig beobachtet [115]. Der Herdentrieb ist im Unterbewusstsein verankert. In der Steinzeit war es ratsam, ohne nachzudenken vor einer möglichen Gefahr zu fliehen, die man selbst gar nicht wahrgenommen hatte, nur aufgrund der Tatsache, dass alle anderen weglaufen. Die Konsequenz, gefressen zu werden, war auf jeden Fall schwerwiegender als die Konsequenz, einem Fehlalarm aufgesessen zu sein.*

* In der Natur ist dies häufig bei Fluchttieren zu beobachten. Tauben fliegen weg, wenn eine Taube aufgeschreckt davonfliegt.

In gewisser Weise ist Gruppendenken an der Börse sogar hilfreich. Benjamin Graham beschrieb die Börse mit folgendem Zitat: »In the short run, the market is a voting machine, but in the long run, it is a weighing machine.« Kurzfristig erscheint es überaus sinnvoll, der Gruppe zu folgen. Wie bereits erwähnt, sind Momentum-Strategien (Kauf steigender und Verkauf fallender Aktien) zeitlich begrenzt sehr erfolgreich, weil die Masse hinterherläuft [91]. Die Börsenweisheit, »The trend is your friend«, gilt daher häufig – bis zur Trendumkehr. Langfristig ist der Kapitalmarkt aber eine »Weighing Machine«, bei der einzig Fundamentaldaten zählen. Keine Wachstumsgeschichte wird endlos erzählt, wenn nicht irgendwann tatsächlich die großen Gewinne eintreten.

Spielerfehlschluss – der Irrglaube von der ausgleichenden Kraft des Schicksals

Der Spielerfehlschluss ist die fälschliche Annahme, dass es eine ausgleichende Kraft des Schicksals gibt [116]. Wenn beim Roulette fünfmal in Folge die Kugel auf die Farbe Rot gefallen ist, denken viele Spieler, dass beim nächsten Wurf die Farbe Schwarz wahrscheinlicher geworden wäre. Tatsächlich kennt das Roulette-Spiel jedoch keine Vergangenheit, es merkt sich keine vorherigen Ergebnisse: Die Wahrscheinlichkeiten sind bei jedem Wurf gleich.*

Es gibt jedoch einen Weg beim Roulette, mit dem man mit einer sehr großen Wahrscheinlichkeit einen überschaubaren Gewinn machen kann. Setzt man 100 Euro auf Rot und verliert beim ersten Wurf,

---

* Das einzige Spiel im Casino, bei dem sich die Wahrscheinlichkeit tatsächlich für den Spieler verbessern kann, ist Black Jack. Weil ein fester Satz Karten auf dem Tisch liegt, kann sich die Situation in Abhängigkeit der bisher gezogenen Karten für den Spieler verbessern. Deswegen achten Casino-Betreiber darauf, dass keiner der Spieler Karten zählt. Sollte dies der Fall sein, werden die Spieler meist höflich vom Tisch weggelotst.

verdoppelt man den Einsatz und setzt erneut auf Rot. Kommt wieder die Farbe Schwarz setzt man wieder das Doppelte, also 400 Euro auf Rot, danach 800 Euro, 1600 Euro und so weiter. Irgendwann wird dann doch die Farbe Rot kommen, und man gewinnt damit den ersten Einsatz von 100 Euro nach Abzug aller bisherigen Verluste.

Es gibt jedoch eine kleine Wahrscheinlichkeit, dass man extrem viel Geld verliert: Wenn zehnmal die falsche Farbe beim Roulette kommt, verliert man in dem Beispiel $2^{10} * 100 = 102.400$ Euro. Diese Wahrscheinlichkeit beläuft sich aber nur auf 1/1024 = 0,0977 Prozent. Für Menschen, die ein zehnmaliges konsekutives Auftreten einer Farbe für unmöglich halten, wäre diese Strategie ein Ansatz für einen Mini-Gewinn. Allerdings ändert dies nichts an der Tatsache, dass der Erwartungswert negativ und diese Strategie nicht rational ist. Die »If-In-Trouble-Double«-Strategie kommt in der Praxis an Grenzen, weil beim Roulette Obergrenzen für Einsätze festgelegt sind.

Wenn eine Aktie mehrere Tage in Folge fällt, steigt bei vielen Anlegern die subjektive Erwartung, dass sie am nächsten Tag wieder steigen muss. Tatsächlich kann die Aktie aber fundamentale Probleme haben und sich in einem dauerhaften Niedergang befinden.

VIII.4 Wichtige Biases – Teil 2

Setzen wir unsere Reise durch die Welt der Biases fort.

Korrelation und Kausalität – Verwechslung von Ursache und Wirkung

Eine Korrelation misst die Beziehung zwischen zwei Dingen. Steigt beispielsweise das eine, hat man oft gesehen, dass auch das andere steigt. Es muss aber nicht so sein. Kausalität ist die Beziehung zwischen Ursache und Wirkung: Das eine verursacht das andere. Häufig verwechseln die Menschen Korrelation mit Kausalität.

Der Stochastiker Robert Matthews zeigt in einem Aufsatz, »Der Storch bringt die Babys zur Welt«, im Jahr 2001, dass die Korrelation zwischen der Zahl brütender Störche und der menschlichen Geburtenrate in 17 europäischen Ländern von 1980 bis 1990 statistisch hoch signifikant ist – sprich, je mehr Störche brüteten, desto mehr menschliche Geburten gab es [117]; einen kausalen Zusammenhang gibt es selbstverständlich trotzdem nicht. Häufig wird Korrelation mit Verursachung verwechselt, weswegen Statistiker die Irrtumswahrscheinlichkeit mit einem sogenannten p-Test messen. Jede wissenschaftliche Aussage kann auch eine zufällige Beobachtung und damit falsch sein. Damit Aussagen aber akzeptiert werden, achten Wissenschaftler darauf, dass die Irrtumswahrscheinlichkeit sehr klein ist. In dem Fall der Störche ist sogar die Irrtumswahrscheinlichkeit sehr klein, obwohl jeder weiß, dass die Kinder nicht von den Störchen gebracht werden. Ein Irrtum ist bei einer Korrelation niemals auszuschließen. Dies ist nur bei einer echten Kausalität der Fall.

Ein beliebtes Beispiel für falsch verstandene Zusammenhänge ist die Truthahn-Zucht. Ein Truthahn wird jeden Tag gefüttert und denkt, dass die Menschen ihn bedingungslos lieben. Am Tag vor Thanksgiving wird er geschlachtet, denn die Fütterung war eine bloße Korrelation und keine nette Kausalität. An der Börse gibt es regelmäßig »Truthahn-Investments«, weil viele Anleger seltene Ereignisse noch nicht erlebt haben und daher ihre Auswirkungen nicht kennen. Erst kürzlich mussten viele Anleger schmerzlich erfahren, dass Inflation wiederkommen kann. Seit den 1980er-Jahren und damit einem vollen Berufsleben war die Inflation in den USA nämlich weitgehend verschwunden [118].

Übersteigertes Selbstvertrauen bei Inkompetenz

Wer kennt nicht auch den einen oder anderen Menschen, der trotz offenkundiger Inkompetenz ein beneidenswertes Selbstvertrauen an den Tag legt? Dieses Phänomen wird unter dem Begriff »Dunning-Kruger-Effekt« in der Wissenschaft diskutiert. David Dunning und Justin Kruger zeigten 1999 im *Journal of Personality and Social Psychology* die systematisch fehlerhafte Neigung relativ inkompetenter Menschen, das eigene Wissen zu überschätzen und die Kompetenz anderer zu unterschätzen [119]. Dahinter steckt folgende Erkenntnis: Wenn jemand inkompetent ist, kann er nicht wissen, dass er inkompetent ist. Menschen sehen die Fehler anderer tendenziell leichter als die eigenen Fehler. Die Fähigkeiten zur Selbsteinschätzung sind die gleichen, die man für die Lösung des Problems braucht. Schlaue Menschen tragen deswegen zu viele Selbstzweifel mit sich herum.

Menschen mit einer Tendenz, sich verunsichern zu lassen, sind auch besonders anfällig für Crash-Propheten. Für die Kapitalanlage ist diese Erkenntnis eher schlecht, weil dort langfristig besonders solche Strategien erfolgreich sind, die nicht der Masse folgen: »Sei gierig, wenn andere ängstlich sind, und sei ängstlich, wenn andere gierig sind« (Warren Buffett) [120]. Um an der Börse langfristig erfolgreich zu sein, ist es aus seiner Sicht besonders wichtig, den eigenen »Circle of Competence« zu kennen und niemals zu überschreiten [121]. Wer sich dem Zwang widersetzt, zu jeder Aktie und zu jedem Trend eine Meinung haben zu müssen, bewegt sich viel souveräner. Es reicht völlig aus, ein paar Hundert Unternehmen und nicht alle börsennotierten Firmen bewerten zu können. Durch diesen Fokus bekommt ein Anleger ein tieferes Verständnis und ein höheres Selbstvertrauen in die eigene Stärke.

Home Bias und Similarity Bias

Anleger machen häufig den Fehler, Geldanlagen auf dem Heimatmarkt (»Home Bias«) oder in der Branche, in der sie arbeiten (»Similarity Bias«), überproportional zu gewichten. Der Home Bias wurde 1991 erstmals von Kenneth French und James Poterba für den US-amerikanischen Markt beschrieben [122]. Durch diese Konzentration verlieren die Anleger wichtige Diversifikationsmöglichkeiten. Besonders schmerzlich mussten japanische Investoren dies erfahren, die gemäß ihrer Studie 98 Prozent ihres Vermögens in Japan hielten und somit den anschließenden Crash des japanischen Aktienmarkts (»Bubble Economy«) Anfang der 1990er-Jahre voll miterlebten [123]. Der Home Bias ist sogar noch gefährlicher, wenn die Anleger Immobilien im Heimatmarkt besitzen. Bei vielen Investoren ist die eigene Immobilie der Hauptbestandteil des Vermögens. Außerdem besteht meist eine Immobilienfinanzierung, sodass das ortsgebundene und wichtige Vermögen zusätzlich mit einem Fremdkapitalrisiko verbunden ist.

Beim Similarity Bias besteht das Klumpenrisiko darin, dass die Anleger durch eine Anlehnung an ihre Branche und ihren Arbeitsplatz das Einkommensrisiko (Humankapital) verstärken. Sollte es mit ihrer Branche bergab gehen, schmerzt das doppelt: Nicht nur ist der eigene Arbeitsplatz gefährdet, nein, auch das Portfolio könnte bluten.

Halo-Effekt

Der Halo-Effekt beschreibt in der Psychologie die Tendenz, dass unsere positiven Eindrücke von einer bestimmten Eigenschaft oder Qualität einer Person auf ihr gesamtes Erscheinungsbild abfärben [124]. Dieser Effekt könnte beispielsweise dazu führen, dass Investoren aufgrund äußerlicher Merkmale einem Anlageberater mehr Vertrauen schenken, als objektiv gerechtfertigt ist. Wenn ein Anlageberater eine hochwertige Ausbildung vorweisen kann oder sich in formeller Kleidung präsentiert, neigen Investoren möglicherweise dazu, diese positiven Merkmale auf seine gesamte Kompetenz und Vertrauenswürdigkeit zu übertragen.

VIII.5 Wie man Biases vorbeugt

Einer der erfolgreichsten Hedgefondsmanager ist Ray Dalio, der mit seiner Investmentfirma Bridgewater Associates den größten Hedgefonds der Welt managt. Im Alter von 75 Jahren und mit einem Vermögen von 16,2 Milliarden US-Dollar hat Dalio damit begonnen, sein Wissen in Vorträgen und Büchern an die nächste Generation weiterzugeben.

Eines seiner bekanntesten Bücher heißt *Principles* und gibt einen Einblick in sein Geschäftsleben [125]. Im Kern geht es um eine stetige Verbesserung durch radikale Transparenz und Wahrhaftigkeit. In seinem Unternehmen mit 1500 Mitarbeitern herrscht eine »Ideen-Meritokratie«: Jeder Mitarbeiter ist dazu aufgefordert, Argumente gegen Investmentideen vorzutragen und sie ausführlich auszuführen. Während in vielen Unternehmen eine Konsenskultur herrscht, müssen Bridgewater-Mitarbeiter Dinge kritisch hinterfragen. Erst wenn eine Idee die internen Argumente übersteht, wird sie für Investments weiterverfolgt. Viele Biases entstehen unterbewusst und beeinflussen mehrere Menschen gleichermaßen. Deswegen ist ein aktives Einfordern der Entscheidungsgründe und damit eine bewusste Entscheidung eine geeignete Möglichkeit zur Fehlervermeidung.

Dieses Feedback ist nicht nur bei Aktienanlagen sinnvoll. Bezogen auf persönliche Neigungen und Schwächen sollte Kritik als Chance zur Verbesserung gesehen und nicht durch Anpassung vermieden werden. Erfolgreiche Verkäufer gehen so weit, dass sie erst dann einen Tag als gut bezeichnen, wenn sie mindestens eine Absage erhalten haben. Wer keine Absage erhält, hat sein Produkt vielleicht zu billig oder mangels

Aktivität gar nicht verkauft. Gleichwohl darf man sich auch nicht jede Entscheidung durch Miesepeter ausreden lassen. Es ist normal, dass es an den Kapitalmärkten verschiedene Ansichten zum gleichen Thema gibt, sonst gäbe es auch keinen Handel. Seien Sie also immer kritisch mit sich selbst und anderen, wenn es um Investitionsideen geht.

VIII.6 Geschichte aus der Welt der Aktien

Tatsächlich gibt es an der Börse immer wieder spektakuläre Verluste, die zur Vorsicht mahnen sollten. Ein besonders prominenter Fall von professionellen Pleiten ist Long Term Capital Management, ein Hedgefonds der Superlative [126]. Der Gründer John Meriwether, ein Top Manager von Salomon Brothers, konnte mit Myron Scholes einen Wirtschafts-Nobelpreisträger anwerben. Der Fonds konnte über 4 Mrd. US-Dollar Anlagevolumen einsammeln – das heißt, Investoren haben 4 Mrd. US-Dollar an das Unternehmen gezahlt, damit es dieses Geld anlegt. Mit einem zusätzlichen großen Kredit spekulierte der Hedgefonds auf die Angleichung des Zinsniveaus im Zuge der Europäischen Währungsunion. Es wurden fallende Zinsen in Italien und gleichzeitig steigende Zinsen in Deutschland erwartet. Entsprechend ihrer ökonomischen Theorie wurden italienische Staatsanleihen gekauft und die teuren deutschen Staatsanleihen verkauft. Diese Strategie wurde über komplizierte Finanzderivate abgebildet, die zu einer Rendite für Investoren von über 40 Prozent pro Jahr geführt haben.* Sehr beachtlich.

---

* Ein Finanzderivat oder ein derivatives Finanzinstrument bezeichnet eine Anlageform, die von grundlegenden direkten Finanzanlagen wie Aktien oder Anleihen abgeleitet wurde. Der Wert des Derivats wird durch den Wert des zugrunde liegenden Instruments (Underlying oder Basiswert) bestimmt.

Alles schien nach Plan zu laufen, bis plötzlich durch die Asienkrise 1997 Turbulenzen an den Finanzmärkten auftraten und große Kapitalanleger ihr Geld durch den Kauf von vermeintlich teuren Staatsanleihen mit geringem Ausfallrisiko in Sicherheit bringen wollten. Aufgrund der Größe des Fonds wurde ein Zusammenbrechen des Finanzsystems befürchtet. Der damalige US-Notenbankchef Alan Greenspan berief ein Krisentreffen mit einem Dutzend Chefs von Wall-Street-Banken ein und legte einen Plan vor, um Long Term Capital Management frisches Kapital in Höhe von 3,75 Mrd. US-Dollar zuzuführen. Dieser Fall zeigt, dass beim Investieren ein besonders hoher IQ auch nachteilig sein kann. Eine derart riskante und große Wette mit Finanzderivaten hätte sich ein simpler Geist niemals ausgedacht. Nur weil etwas toll klingt und kompliziert aussieht, muss es in keiner Weise beeindrucken. Diese Erkenntnis sollten sich insbesondere Privatanleger immer vor Augen halten, wenn ihnen Finanzprofis mit Fachchinesisch besondere Renditen in Aussicht stellen. Nach kurzfristiger Rettung wurde Long-Term Capital Management abgewickelt und die verbleibenden Vermögenswerte wurden liquidiert.

VIII.7 Checkliste und To-dos

Checkliste

Ich habe gelernt, dass …

- es unterschiedliche Verzerrungen beziehungsweise **Biases** gibt und Menschen deswegen **irrational** handeln.
- Unsicherheit, Risiko und Unkenntnis **nicht dasselbe** sind.
- es eine Vielzahl von **Biases** gibt, die alle **Handlungen beeinflussen.**
- Home und Similarity Bias besonders **gefährlich** für Aktienanlagen sind.
- das **Auftreten** von Anlageberatern **keine** eindeutige Schlussfolgerung auf ihre **Kompetenz** zulässt.

To-dos

In der nächsten Woche werde ich …

- prüfen, welche Biases ich bei mir selbst wiederfinde.

IX.

WIE SIE IHRE ERSTE AKTIE KAUFEN … UND WANN SIE SIE WIEDER VERKAUFEN SOLLTEN

Inzwischen haben Sie das Rüstzeug erworben, um selbst eine Aktie kaufen zu können. Sie gehören nun zu den mündigen Privatanlegern, die sich selbst das nötige Wissen aneignen und eine eigene Meinung bilden können. Es ist nun an der Zeit, ein Depot zu eröffnen und einen Kaufauftrag an die Börse zu schicken.

Heutzutage können Sie in Sekunden über Ihr Smartphone Aktien kaufen oder verkaufen – eine Geschwindigkeit, die früher nur den Profis innerhalb der Banken vorbehalten war. Ebenso sind die Handelsteilnehmer an den Börsen ausschließlich regulierte Finanzinstitute, die entsprechende Sicherheiten erfüllen müssen. Seit den späten 1990er-Jahren haben die Banken ihren Marktzugang direkt für Privatkunden geöffnet und leiten seitdem deren Aufträge direkt an die Börsen weiter. Diese neuen Direktbroker nahmen anfänglich meist Aufträge im Telefonhandel entgegen. Heute findet der Handel fast ausschließlich über das Internet statt. Wie genau Sie nun Ihre Aktie kaufen und auch wieder verkaufen, zeigen wir Ihnen Schritt für Schritt.

IX.1 Wo Sie überall Aktien kaufen können

Damit Sie eine Aktie kaufen können, müssen Sie bei einem Finanzinstitut ein Depot eröffnen, wo später Ihre Aktie verwahrt wird. Hierzu könnten Sie beispielsweise zu Ihrer Hausbank gehen. Typischerweise sind die Kosten hier jedoch sehr hoch. Viele Banken berechnen jährliche Gebühren, die zwischen 0,2 Prozent und 0,5 Prozent vom Depotwert betragen. Eine Order kann ebenfalls schnell 1 Prozent des Volumens kosten. Die hohen Gebühren sind nur dann gerechtfertigt, wenn sie mit einer guten Beratungsleistung durch Ihren Kundenbetreuer einhergehen. Allerdings benötigen Sie keinen Berater mehr, wenn Sie selbst entscheiden können. In diesem Fall ist es besser, wenn Sie ein Depot bei einer Direktbank beziehungsweise einem Direktbroker eröffnen. Dort gibt es keine Berater und die Gebühren sind deutlich niedriger.

Folgende Tabelle gibt eine Übersicht über die größten Direktbanken Deutschlands nach der Kundenzahl [127], [128].

Anbieter	**Kundenzahl**
ING-DiBa AG	9.900.000 (Stand: 12/2024)
DKB, Deutsche Kreditbank AG	5.500.000 (Stand: 09/2023)
Trade Republic	5.300.000 (Stand: 12/2024)
comdirect	2.900.000 (Stand: 09/2023)
Barclays Bank	2.000.000 (Stand: 10/2023)
Advanzia Bank S. A.	1.900.000 (Stand: 12/2022)

Bei der Auswahl des richtigen Direktbrokers gibt es verschiedene Aspekte zu beachten. Neben den Gebühren müssen besonders auch die

Auswahl der handelbaren Aktien sowie die Tools zur Auswahl der Aktien und zum Handel betrachtet werden.

Sowohl bei den Gebühren als auch beim Anlageuniversum gibt es große Unterschiede. Im Internet finden Sie regelmäßig Vergleiche der Gebühren von Brokern (z. B. bei www.testsieger-konto.de/depotkonto).

Es gibt tatsächlich seit Kurzem sogar Broker wie Smartbroker, Flatex oder Trade Republic, die kostenfreie Depots und Transaktionen anbieten. Das klingt verlockend, aber man muss das Geschäftsmodell dieser Broker verstehen. Einerseits treten sie mit einem sehr eingeschränkten Anlageuniversum an und bieten nur wenige Handelsplätze. Andererseits bieten sie nicht immer die besten Kurse, weil sie durch eine Vorauswahl von Handelspartnern oft Preise anbieten, die eine höhere Handelsspanne (Spread – also einen höheren Kurs als an der Börse) und damit höhere indirekte Kosten bedeuten.* Auch wenn die direkten Orderentgelte für den Anleger mit 0 Euro angegeben werden, kann der Handel durch die hohen Spreads sehr teuer werden. Diese sogenannten Neobroker oder Zero Commisssion Broker erhalten Rückvergütungen von den Börsen- oder sonstigen Handelsplätzen, an die sie sämtliche Orders schicken.

Sprich, die Broker verdienen pro gekaufter Aktie einen kleinen Betrag von ihrem Kaufwert. Haben Sie wenig Geld, was Sie investieren möchten, kann sich das durchaus lohnen, bei größeren Summen sollten Sie dieses Modell wohl eher meiden. Gerade für größere Aufträge benötigt es eine größere Liquidität, die es nur an den Hauptbörsen für die jeweiligen Aktien gibt.

---

* Als Investor zahlen Sie neben den direkten Handelsgebühren auch indirekte Kosten über die Handelsspanne zwischen An- und Verkaufskurs. Je größer und damit liquider der Handelsplatz ist, desto geringer ist dieser sogenannte Spread.

IX.2 Steuerliche Aspekte bei der Vermögensbildung mit Aktien

Weil der Handel über das Internet erfolgt, könnten Sie auch ein Depot bei einem ausländischen Broker eröffnen. Während deutsche Broker automatisch die Abgeltungssteuer einbehalten und an das Finanzamt abführen, ist dies bei Auslandsbrokern meist nicht der Fall. Hier müssen Sie die Steuer selbst an das Finanzamt überweisen. Dies gibt Ihnen mehr Freiheit, allerdings auch potenziell ein Risiko bei der Steuererklärung. Wenn Sie über 250.000 EUR Vermögen verfügen, kann die Gründung einer vermögensverwaltenden GmbH durchaus sinnvoll sein. Bei den Wertpapiertransaktionen fällt dann nämlich keine Abgeltungssteuer an. Besteuert werden lediglich 5 Prozent der Kursgewinne, die sowohl mit Körperschafts- als auch mit Gewerbesteuer belastet werden (rd. 30 Prozent insgesamt). Damit liegt die Gesamtsteuerbelastung zunächst bei nur etwa 1,5 Prozent. Die Abgeltungssteuer müssen Sie erst zahlen, wenn Sie das Geld aus der GmbH auf die private Ebene ausschütten. Wer einen langen Anlagehorizont hat und vorrangig auf Wachstumsaktien setzt, kann mit der aufgeschobenen Steuer einen höheren Zinseszinseffekt erzielen (aber Achtung – bei Dividendenausschüttungen greifen solche Verschonungsregeln nicht, und diese sind mit rd. 30 Prozent in der GmbH höher belastet als im Privatvermögen mit 25 Prozent Abgeltungssteuer).

Falls ein derartiges Konstrukt für Sie infrage kommt, sprechen Sie auf jeden Fall mit Ihrem Steuerberater, damit alles rechtlich korrekt aufgesetzt wird. Mit RIDE Capital gibt es seit einiger Zeit einen Anbieter, der einen Gründungsservice für eine vermögensverwaltende GmbH anbietet [129]. In diesem Fall ist die Depotführung bei einem ausländischen Broker praktisch, weil Ihnen erst gar keine Abgeltungssteuer abgezogen wird. Führende internationale Broker sind beispielsweise Interactive Brokers, TD oder Scotia iTrade (ehemals eTrade).

IX.3 Ihre erste Aktie: Stop-Loss, Stop-Win und wie Sie sie kaufen

Sie kaufen diese Aktie nur dann, wenn der Kurs unter dem von Ihnen ermittelten Wert liegt. Um etwaige Verluste bei einer Fehleinschätzung zu begrenzen, sollten Sie eine sogenannte Stop-Loss-Order setzen. Dies ist eine Kursmarke, bei deren Erreichen oder Unterschreiten die Aktie automatisch wieder zum nächstgültigen Kurs verkauft wird. Steigt die Aktie in kurzer Zeit deutlich über diesen Wert an, ist es auch vernünftig, wenn Sie die Aktie dann verkaufen. Hierzu können Sie sich ein Stop-Win-Limit setzen. Viele Broker oder auch Finanzwebsites geben die Möglichkeit, Kurse zu überwachen und entsprechende Alarme (»Alerts«) einzurichten. Sobald eine Kursmarke über- oder untertroffen wird, bekommen Sie dann eine E-Mail oder eine SMS geschickt. Dies ist ein sehr sinnvolles Instrument, um Ihnen Zeit und Nerven zu sparen. Sie müssen nicht einen Arbeitstag vor dem Börsenbildschirm verbringen und Kurse beobachten. Stattdessen bekommen Sie bequem eine Nachricht, wenn Aktien spannende Kursmarken erreichen. Weil der Kauf und Verkauf heute auf dem Smartphone in Sekunden abgewickelt werden kann, können Sie immer und überall entsprechend schnell reagieren.

IX.4 Die Aktie arbeitet – Sie schauen zu

Wenn Sie Ihre erste Aktie gekauft haben, erhalten Sie regelmäßig Dividenden ausgeschüttet (sofern das Unternehmen die Gewinne nicht einbehält). In der Regel schütten deutsche und die meisten europäischen Unternehmen einmal jährlich Dividenden aus, in Einzelfällen gibt es auch quartalsweise Ausschüttungen. Hierzu bekommen Sie rechtzeitig eine Wertpapiermitteilung zugestellt. Außerdem berechtigt Sie eine Aktie zur Teilnahme an der Hauptversammlung. Sollte es sich nicht um eine Vorzugsaktie* handeln, haben Sie auf dieser Hauptversammlung auch ein Stimmrecht. In Deutschland muss die Einladung mindestens einen Monat Vorlauf haben. Auf der Hauptversammlung wird insbesondere die Verwendung des Gewinns (Dividendenausschüttung oder Thesaurierung) beschlossen.

Wenn eine Dividende ausgezahlt wird, verringert sich der Aktienkurs meist in genau der gleichen Höhe. Das Geld ist jetzt nämlich nicht mehr im Unternehmen, sondern in ihrem Depot. Bei kleineren Dividenden fällt das nicht besonders auf. Bei größeren Dividendenzahlungen kann das aber erheblich sein, wie folgendes Beispiel zeigt: Am 3. Mai 2007 schüttete der deutsche Chemiekonzern Altana AG eine Dividende in Höhe von 33,30 Euro je Aktie aus, was bei einem Aktienkurs von 48 Euro etwa 70 Prozent seines Marktwertes entsprach. Zuvor hatte das Unternehmen seine Pharmasparte für 4,6 Milliarden Euro an das dänische Unternehmen Nycomed verkauft. Die Aktie verbilligte sich entsprechend. Am 6. November 2008 gab es ein Übernahmeangebot der Hauptaktionärin SKion GmbH für 13 Euro.

Auf Internetseiten wie Wallstreet Online oder OnVista gibt es Foren, wo andere Anleger über die Aktie diskutieren. Es empfiehlt sich, regelmäßig mitzulesen. Allerdings dürfen Sie sich hier nicht unnötig verunsichern lassen. An der Börse findet nur deswegen ein Handel statt, weil jedem Käufer auch ein Verkäufer gegenübersteht. Es ist völlig normal, dass es Anleger gibt, die zu einzelnen Aktien oder zum ganzen Marktgeschehen eine andere Meinung als Sie haben.

---

* Eine Vorzugsaktie ist eine Aktienart, die dem Inhaber spezielle Rechte wie eine bevorzugte Dividendenzahlung einräumt, jedoch meist ohne Stimmrecht auf der Hauptversammlung. Sie bietet oft eine stabilere Rendite als Stammaktien.

Der Besitz einer Aktie verändert auch ihr persönliches Stimmungsbild. Während sich die Wirtschaftspresse oft an der Marktmacht von Firmen wie Amazon abarbeitet, lesen Sie als Amazon-Aktionär Meldungen über den Erfolg des Unternehmens mit Freude und betrachten diese als Bestätigung Ihrer Investitionsentscheidung. Durch den Kauf einer Aktie wechseln Sie in das Lager der wirtschaftlichen Gewinner und freuen sich auf einmal, dass Jeff Bezos zu einem der reichsten Menschen der Welt geworden ist. Und wenn Ihnen das doch nicht passt, schichten Sie um.

Bei einem Fußballteam gehört es sich nicht, in jeder Saison den Verein zu wechseln. Viele Fans von Traditionsclubs wie Eintracht Braunschweig oder dem TSV 1860 München sind mit ihren Vereinen bis in die vierte Liga abgestiegen. Aktien wissen nicht, dass sie bei Ihnen im Depot liegen. Deswegen beschweren sie sich auch nicht, wenn sie verkauft werden. Außerdem können sie später jederzeit zurückgekauft werden.

Seitdem vermehrt auch Nachhaltigkeitskriterien bei der Anlageentscheidung eine Rolle spielen, können Sie solche Unternehmen ausschließen, deren Geschäft Sie nicht mit Ihrem Gewissen vereinbaren können. Auch das ist eine emotionale Dividende, die Ihr Lebensgefühl deutlich steigert. Mehr hierzu erzählen wir Ihnen im Kapitel X.

IX.5 Time to say goodbye: Der Verkauf Ihrer ersten Aktie

Der Verkauf Ihrer ersten Aktie ist hoffentlich ein Erfolgserlebnis, weil Sie einen Gewinn realisieren. Aber auch wenn die Aktie im Minus notiert, erscheint ein Verkauf sinnvoll, sofern dies geschieht, um weitere Verluste zu begrenzen. Ein Verkauf ist kein Abschied für immer.

Sie können jederzeit dieselbe Aktie (dann hoffentlich billiger) wieder kaufen. Wenn Sie eine Immobilie verkaufen, ist es praktisch unmöglich, dass Sie dieselbe Immobilie zurückkaufen können. Jede Immobilie ist anders und eine Immobilie wird vielleicht einmal pro Generation gehandelt. Zu wissen, dass dies bei Aktien im Regelfall nicht gilt, ist ein sehr beruhigendes Gefühl.*

Wie Sie bereits in Abschnitt VIII.3 gesehen haben, tendieren Menschen dazu, Verluste nicht realisieren zu wollen. Dieser verhaltenspsychologische Effekt kann dazu führen, dass Anleger suboptimale Entscheidungen treffen. Versuchen Sie deshalb, die jeweilige Aktie möglichst objektiv und ohne Blick auf den Einstiegskurs zu bewerten. Grundsätzlich gilt, dass Sie eine Aktie nur dann noch halten sollten, wenn Sie die Aktie heute auch wieder kaufen würden. Hätten Sie nämlich inzwischen eine negative Einschätzung, sollten Sie durch das Halten keine Verluste mitnehmen.

Wie bereits in Abschnitt V.2 beschrieben, ist ein perfektes Timing des jeweiligen Ein- und Ausstiegszeitpunktes in eine Anlage praktisch nicht möglich. Deswegen ist es auch beim Verkauf einer einzelnen Aktie schwierig, den optimalen Verkaufszeitpunkt zu finden. Allerdings ist die Bewertung einer Aktie leichter als die eines breiten Index, weil unternehmensspezifische Meldungen einen weitaus größeren Einfluss auf den Kurs haben. In einem Index heben sich die unternehmensspezifischen Risiken durch die Diversifikation oft fast vollständig auf.

Spätestens wenn Sie Nachrichten zu dem Unternehmen erhalten, die Ihre Einschätzung fundamental zum Negativen verändern, ist es an der Zeit, die betreffende Aktie zu verkaufen. Wenn Sie zum Bei-

* In wenigen Ausnahmefällen wird das Unternehmen übernommen oder verschwindet von der Börse. In diesen Fällen hätten Sie als Kleinaktionär Ihre Aktie aber ohnehin nicht behalten können. Bei einer Übernahme versucht der Übernehmer die Aktionäre mit einem attraktiven Preis vom Verkauf zu überzeugen. Die letzten Kleinaktionäre können bei einem Delisting (Rückzug von der Börse) in einem sogenannten Squeeze-out abgefunden werden.

spiel merken, dass andere Großanleger verkaufen und dadurch Verkaufsdruck auf die Aktie kommt, ist es meist ein guter Zeitpunkt für einen Verkauf. In seltenen Fällen haben sich Leerverkäufer verspekuliert und müssen ihre Positionen durch den Kauf der Aktie glattstellen. Geschieht dies aber doch, kann es dadurch passieren, dass Aktien wie Volkswagen im Jahr 2008 in wenigen Tagen um +500 Prozent steigen. Hier bietet es sich an, bei dem sogenannten Short-Squeeze auf Höchstpreisen vorübergehend zu verkaufen. Sie können die Aktie später ja billiger zurückkaufen, wenn sich der Stress der Leerverkäufer gelegt hat.

Wenn Sie Ihre erste Aktie verkauft haben, werden Sie auf der Abrechnung feststellen, dass die Kapitalertragssteuer von Ihrem Broker einbehalten worden ist. Aktuell sind dies 25 Prozent plus gegebenenfalls Solidaritätszuschlag. Das dämpft die Freude am realisierten Gewinn. An Verlusten beteiligt sich der Staat natürlich nicht. Sie können jedoch einen Freibetrag nutzen, den sogenannten Sparerpauschbetrag, den Sie entweder direkt durch einen Freistellungsauftrag hinterlegen oder bei der Steuererklärung geltend machen können. Aktuell (Jahr 2025) beläuft sich die Höhe auf 1.000 Euro je Anleger (2.000 Euro bei zusammen veranlagten Ehepaaren). So hoch dürfen die erzielten Gewinne sein, ohne dass Abgeltungssteuer darauf anfällt.

Für Marktteilnehmer, die ihr Geld in einem Fondsmantel oder einer vermögensverwaltenden GmbH halten, gilt dies nicht. Umschichtungen und Kursgewinne werden erst dann in nennenswertem Umfang besteuert, wenn sie auf die persönliche Ebene ausgeschüttet werden. Wenn Sie ein langfristiges Anlageziel haben, können Sie durch die aufgeschobene Steuer Zinseszinsen erhalten. Gleichwohl entstehen bei den Rechtseinheiten Bilanz- und Abschlusskosten, sodass sich diese erst ab einer Anlagesumme von über 250.000 Euro lohnen. Damit die steuerliche Verschonung für die Kapitalerträge gilt, darf die Gesellschaft nicht unternehmerisch tätig oder gewerblich infiziert sein. Wenn Sie sehr häufig Wertpapiertransaktionen durchführen, können Sie als Wertpapierhandelsgesellschaft eingestuft werden und damit ihre Gewinne gewerbesteuerrechtlich relevant werden. Bitte konsultieren Sie einen Steuerberater, wenn Sie dieses Konstrukt für sich wählen möchten.

IX.6 Geschichte aus der Welt der Aktien

Bei einem Münchner ist die Wahrscheinlichkeit groß, dass er in seinem Leben zunächst die BMW-Aktie kauft und dann die Hauptversammlung besucht. Früher fand das Aktionärstreffen im Gasteig statt, zu dem selbstverständlich auch immer Susanne Klatten – Hauptinhaberin von BMW – kommt. Der große Konzertsaal der Philharmonie bietet Platz für mehr als 2.500 Besucher. Alle Plätze sind belegt. Um 10 Uhr beginnt meistens der Aufsichtsratsvorsitzende mit der Begrüßung der Aktionäre, bevor anschließend der Vorstandsvorsitzende den Großteil der Redezeit am Pult übernimmt.

Bei BMW war es immer üblich, dass das Buffet für das Mittagessen um 12 Uhr eröffnet wird. Meistens war das noch mitten in der Redezeit des Vorstandsvorsitzenden. Das hält aber zwei Drittel des Publikums nicht davon ab, den Saal zu verlassen und zum Buffet zu gehen. Obwohl BMW als Premiumhersteller ein vermeintliches Luxus-Publikum anspricht, muss das bei seinen Aktionären nicht immer der Fall sein. Es gibt auch nicht wenige Leute, die übrig gebliebenes Essen mit Tüten nach Hause tragen, um ihre Dividende durch eine warme Speise aufzubessern. Viele Aktiengesellschaften sind nach der Corona-Pandemie außerdem dazu übergegangen, nur noch virtuelle Hauptversammlungen abzuhalten; das Gesetz wurde damals entsprechend geändert. Andere bieten es in hybrider Form an, sodass Sie die Präsentationen und Redebeiträge auch im Internet verfolgen können.

Als Aktionär erlebt man viele neue Situationen, die man sich vorher nicht vorstellen konnte. Nicht jeder Aktionär verhält sich so unnahbar wie Susanne Klatten, die man während des Treffens nur aus der Ferne sieht. Aber so ist es, und irgendwie macht es das Leben als Aktionär auch menschlicher.

IX.7 Checkliste und To-dos

Checkliste

Ich habe gelernt, dass ...

- es unterschiedliche **Direktbanken** gibt, die **kostengünstig** oder teils kostenlos Aktiendepots und -handel anbieten.
- es bei der Auswahl **nicht** nur auf die direkten **Kosten** des **Depots und der Wertpapierorders** ankommt, sondern auch auf Auswahl und **versteckte Kosten** wie Spreads.
- ich **Limits** bei dem Kauf der Aktie setzen sollte, damit ich mein **Risiko begrenze** und bei einer guten Rendite auch wirklich verkaufe.
- ich regelmäßig meine **Aktie prüfen** muss und Dividenden oder Wertänderungen sehen kann.
- ich eine Aktie **verkaufen** sollte, sobald ihr **Limit** erreicht ist oder ich die Aktie **nicht noch einmal** kaufen würde, weil sie entweder zu teuer oder zu risikoreich ist.
- **Aktionäre** auch nur normale **Menschen** sind, die ich auf den **Hauptversammlungen** treffen kann.

To-dos

In der nächsten Woche werde ich ...

- mir nach den hier genannten Kriterien einen Broker aussuchen.
- meine erste Aktie kaufen und ein Limit zum Verkauf einsetzen (sowohl für Verlust als auch für Gewinn).

X.

FINANZIELLES GLÜCK ERLANGEN UND SOZIAL VERANTWORTUNGSBEWUSST HANDELN

Folgendes Zitat stammt von dem berühmten ungarischen Börsenspekulanten André Kostolany: »Wer viel Geld hat, kann spekulieren, wer wenig Geld hat, darf nicht spekulieren, wer kein Geld hat, muss spekulieren.« [130] Diese Börsenweisheit zeigt, dass sich jeder mit Geld befassen muss. Doch wann ist es genug? Gibt es überhaupt ein »Genug«? Und ist man durch mehr Geld, sprich mehr finanziellen Erfolg, wirklich glücklicher?

Die Glücksforschung zeigt, dass mehr Geld bei den meisten Menschen zu einem höheren Glücksempfinden beiträgt [131]. Wer sich auf einen materiellen Wettlauf mit anderen Menschen einlässt, wird immer Leute treffen, die reicher sind. Nach dem Fußballverein und dem Tennisclub wechseln diese Menschen in den Golfclub und den Yachtclub, um sich jedes Mal von Neuem in der Geldrangliste hinten anzustellen. Ist es erstrebenswert, sich ständig mit neuen, noch erfolgreicheren Menschen zu vergleichen? Aus Sicht der Glücksforschung gilt hier ein klares »Nein« [132].

Es ist sehr wichtig, niemals aktiv seine Vergleichsgruppe zu wechseln und sich nicht mit Menschen zu umgeben, die an einem Wettlauf um immer mehr materielle Dinge teilnehmen. Wer sein eigenes Rennen läuft, gewinnt nämlich immer. Warren Buffett hätte mit 123 Milliarden US-Dollar als einer der reichsten Mensch der Welt zwar jeden Wettlauf gewonnen, aber Zeit seines Lebens hat er sich jedem exzessiven Lebensstil superreicher Menschen verweigert. Auf die Frage eines Reporters, warum er noch immer in seinem bescheidenen Haus lebt, das er 1958 für 31.500 US-Dollar in einer Wohngegend der Mittelschicht gekauft hat, sagte er: »Weil wir dort unsere Kinder großgezogen haben und das Haus im Winter warm und im Sommer kühl ist.« Auch für seine Gewohnheit wurde er bekannt, morgens auf dem Weg zur Arbeit durch den McDrive von McDonald's zu fahren und täglich für 3,17 US-Dollar einen McMuffin zu bestellen [133]. Wenn die Börse am Vortag gefallen ist, verzichtete er auf den Bacon und bezahlte nur 2,95 US-Dollar. Mit dieser Ironie ist es ihm im Alltag stets gelungen, das Börsengeschehen mit Humor zu betrachten und sein Leben mit kleinen Späßen zu würzen.

Kluge Menschen leben vor, dass Geld allein nicht glücklich macht. Wir möchten Ihnen in diesem Kapitel eine weitere Perspektive geben: Was ist jenseits von finanziellem Glück? Hierzu schauen wir nicht nur auf Sie als Individuum, sondern auch auf die soziale Verantwortung, die wir alle tragen, auf ethische und ökologische Fragen sowie den Kapitalismus an sich.

X.1 Finanzielles Glück hängt nicht vom Geld ab – Kriterien für finanzielles Glück

Was Menschen glücklich macht, ist seit einiger Zeit Gegenstand wissenschaftlicher Forschung. Dabei werden die Bedingungen untersucht, unter denen sich Menschen selbst als glücklich bezeichnen. Im Bereich der Wirtschaft wird unter dem Begriff der Happiness Economics das Streben nach Glück als wirtschaftliche Triebkraft gesehen [134]. Während Konsum glücklich macht, ist der Stress beim Erarbeiten des benötigten Geldes ein Negativfaktor für Glück. Dabei wird stets das Lebensglück (»Happiness«) vom Zufallsglück (»Luck«) unterschieden, auch wenn ein Lottogewinn natürlich auch das Lebensglück positiv beeinflussen kann [135].

Durch Marketing und auch durch Neid werden Bedürfnisse geweckt und zunächst glückliche Menschen wieder unglücklich. Es ist deswegen hilfreich, nicht alles zu glauben, was uns die Werbung verspricht. Außerdem sollte jeder Mensch anerkennen, dass die Welt sehr heterogen ist und manche Menschen reicher, schöner, klüger, charmanter und witziger als er selbst sind. Diese Einsicht verhindert Neidgefühle, die das persönliche Glücksempfinden beeinträchtigen.

Der britische Ökonom Richard Layard hat die persönliche Zufriedenheit von Menschen in Abhängigkeit vom materiellen beziehungsweise zeitlichen Reichtum der sie umgebenden Personen untersucht [136]. Wenn die Umwelt in materiellen Fragen reicher war, waren die Studienteilnehmer deutlich unzufriedener. Hatten die anderen einen längeren Urlaub und damit mehr zeitlichen Reichtum, gab es kaum Neid.

Ein interessanter Aspekt in der Glücksforschung ist das sogenannte Easterlin-Paradoxon, das nach Richard Easterlin benannt wurde. Dieser hatte den Zusammenhang von Einkommen und Glück von Volkswirtschaften untersucht und dabei festgestellt, dass das Glücksempfinden der Menschen konstant geblieben ist, obwohl sich der Wohlstand der Volkswirtschaften deutlich erhöht hatte [137]. Menschen überschätzen den Zugewinn von Glück durch Dinge und unterschätzen den Zugewinn von Glück durch Erlebnisse.

Armut macht unglücklich, aber großer Reichtum macht nicht unbedingt alle gleich glücklich. Das Glücksempfinden der 20 Prozent unglücklichsten Menschen steigert sich nur bis etwa 100.000 US-Dollar und stagniert daraufhin. Während es für die glücklichsten 30 Prozent ab diesem Punkt sogar überproportional steigt, verhält sich das Glücksempfinden der restlichen 50 Prozent moderat glücklichen Menschen im Schnitt etwa linear beziehungsweise gleichmäßig zum Einkommen [131]. Ein großer Teil des Zugewinns kann durch die steigende Teilhabe am gesellschaftlichen Leben begründet werden. Wer zu wenig Geld für eine Kinokarte oder einen Restaurantbesuch hat, fühlt sich ausgegrenzt und entsprechend unglücklich. Wenn Menschen sehr viel Geld verdienen, können sie sich an mehr Dingen erfreuen. Der Nobelpreisträger Daniel Kahneman beschreibt jedoch auch, dass diesen Menschen die Fähigkeit verloren geht, sich an den kleinen Dingen im Leben zu erfreuen [138].

X.2 Was Sie tun sollten, um finanzielles Glück zu erreichen, außer Aktien kaufen

Eines haben alle Personen gemeinsam, die finanzielles Glück erreichen: Sie beschäftigen sich mit ihrem Geld. Neben der Möglichkeit, sich mit Aktien ein solides Polster aufzubauen, gibt es Dutzende andere Finanzphilosophien, die man verfolgen kann. Drei möchten wir im Folgenden kurz vorstellen: Immobilienvermögen durch Kreditaufnahme, das eigene nebenberufliche Unternehmen und das Extremsparen, das unter der Bezeichnung »Frugalismus« bekannt geworden ist.

Wenn es um den Aufbau von finanzieller Stabilität geht, ist Immobilienvermögen, das durch Kredite finanziert wird, definitiv eine der klassischen Strategien, die vielen Leuten in den Sinn kommt. Stellen Sie sich vor, Sie schnappen sich ein schickes Stück Eigentum – sei es ein Apartment, ein Haus oder sogar ein Bürogebäude – und benutzen dabei nicht nur Ihr eigenes Geld, sondern auch das der Bank, um es zu finanzieren. Klingt nach einer Menge Verantwortung, oder? Nun ja, das ist es auch, aber die Idee dahinter ist ziemlich clever. Sie investieren in etwas, das im Laufe der Zeit an Wert gewinnen sollte, und die Mieteinnahmen decken hoffentlich Ihre Kreditraten und andere Kosten. Wenn alles nach Plan läuft, sind Sie am Ende nicht nur der stolze Eigentümer einer Immobilie, sondern haben auch noch ein nettes Einkommen aus den Mieteinnahmen. Natürlich ist das nicht ohne Risiko – Sie müssen sich mit Mieterproblemen, Reparaturen und den Launen des Immobilienmarktes herumschlagen –, aber für viele ist es ein lohnendes Abenteuer. Denn Immobilien gelten oft als solide Investition, die langfristig stabile Renditen bieten kann. Also, wenn Sie bereit sind, sich auf dieses Spiel einzulassen und die Risiken abzuwägen, könnte Immobilienvermögen durch Kredite eine interessante Option für Sie sein.

Nebenberufliche Unternehmen sind eine vielversprechende Möglichkeit, zusätzliches Einkommen zu generieren und berufliche Leidenschaften zu verfolgen, ohne dabei den Hauptjob aufgeben zu müssen. Die Idee dahinter ist recht simpel: Wer seine Fähigkeiten oder Interessen nutzt, um Produkte oder Dienstleistungen anzubieten, kann sich neue Einnahmequellen erschließen. Dies könnte beispielsweise bedeuten, handgefertigte Waren zu verkaufen, professionelle Dienstleistungen anzubieten oder sogar digitale Produkte zu erstellen und zu vertreiben. Der Reiz liegt darin, dass nebenberufliche Unternehmen sich oft flexibel gestalten lassen und es kein Problem ist, sie an die individuellen Zeitpläne anzupassen. Dennoch erfordert der Aufbau eines solchen Unternehmens Zeit, Engagement und oft auch finanzielle Investitionen. Es ist wichtig, die Erwartungen auf ein realistisches Maß zu begrenzen und sich bewusst zu machen, dass der Erfolg nicht über Nacht kommt. Dennoch können nebenberufliche Unternehmen eine lohnende Möglichkeit sein, zusätzliches Einkommen zu generieren und berufliche Ziele zu verfolgen.

Eine extreme Lebensform ist der sogenannte Frugalismus. Das Adjektiv »frugal« bedeutet in Bezug auf die Lebensweise und die Ernährung: einfach, bescheiden, nicht üppig [139]. Frugalisten sparen extrem und investieren sehr früh in Aktien oder Immobilien, um möglichst mit 40 Jahren durch Dividenden oder Mieteinnahmen finanziell unabhängig zu sein. Sie optimieren ihre Ausgaben, indem sie ihre Fixkosten gering halten. Sie wohnen möglichst nahe an ihrem Arbeitsplatz, fahren mit dem Rad, kaufen Dinge gebraucht und verkaufen diese sofort, wenn sie nicht mehr benötigt werden. Im Internet gibt es viele Foren, in denen sich Menschen Tipps zu Minimalismus und klugem Konsum geben, um möglichst schnell finanzielle Freiheit zu erzielen. Mit einem »Frugalistenrechner« [140] kann man auf der Website frugalisten.de die Anzahl der Jahre berechnen, die man bei jeweiligem Einkommen, den individuell vorhandenen Ausgaben und der potenziell erzielbaren Verzinsung benötigt, um in Rente gehen zu können.

X.3 Trennung von Kontrolle und Eigentum – habe ich Verantwortung für meine Investments?

Die Welt von heute hat viele Ausprägungen, die sehr widersprüchlich sind. In der Fleischindustrie verdrängen die meisten Konsumenten das Leid der Tiere und kaufen ein Produkt, das mit Begriffen wie »Bärchenwurst« verniedlicht wird. Die wenigsten würden selbst ein

Schwein schlachten. Die Erhöhung der Transparenz in der Fleischindustrie durch Kennzeichnung der Lieferketten überträgt immer mehr Verantwortung auf den Konsumenten. Mit seinem Kauf entscheidet er heute direkt, ob das Tier, das er konsumiert, artgerecht gehalten wurde. Die Transparenz steigt aber zum Glück auch in allen anderen Wirtschaftsbereichen, was insbesondere durch die Daten zur Nachhaltigkeit einzelner Unternehmen erreicht wird.

Ähnliches gilt an der Börse. Doch das war nicht immer so. Denn bis zum Ende des 19. Jahrhunderts war das Konzept von Aktien noch nicht bekannt. Sprich, wer einen Anteil an einem Unternehmen besaß, war juristisch verantwortlich für das, was im Unternehmen passierte. Daher konnten sich nur sehr wohlhabende Personen Unternehmensanteile leisten, denn diese Form der Kontrolle war für Normalverdiener schlicht zu teuer. Als die USA als erstes Land der Welt Aktien einführte, wurde damit die Verbindung von Kontrolle und Eigentum aufgelöst. Fortan sollten Aufsichtsräte Unternehmen beaufsichtigen und nicht mehr die Eigentümer direkt. Diese sollten nur noch kollektiv einen Aufsichtsrat bestimmen.

Mittlerweile hat sich dieses Verständnis wieder gewandelt. Investoren prüfen ihre Anlageobjekte umsichtiger und wählen nicht mehr allein nach Renditekriterien aus, sondern berücksichtigen oft soziale, ökologische und ethische Fragen.

Auch Sie haben in einem gewissen Maße Verantwortung für Ihre Investitionen. Natürlich können Sie nicht jeden Handschlag eines Unternehmenslenkers prüfen und es wäre auch nicht zeitgemäß, das zu fordern. Aber die grundsätzliche Ausrichtung eines Unternehmens – vor allem wenn Sie eine Einzelaktie kaufen – sollte mit Ihrem Gewissen vereinbar sein. Schließlich geben Sie dem betreffenden Unternehmen und seinem Daseinszweck Kapital. Sie können also Geldgeber für etwas Gutes oder etwas Schlechtes sein.

X.4 Den Kapitalismus bändigen: gesellschaftlich und individuell

Kapitalismus polarisiert. So stark, dass es mit dem Anti-Kapitalismus eine eigene Gegenbewegung gibt, denn ein Beiprodukt des Systems sind Ausbeutung, Ungerechtigkeiten und immer noch Armut. Genau diese Armut verringert das kapitalistische System aber eben auch – und das seit Jahrzehnten. Ein Niedrigverdiener heute lebt komfortabler als ein Landadeliger vor 100 Jahren [141]: Es gibt Internet, eine Wohnung, zuverlässige Nahrungsversorgung, Strom, fließendes Warmwasser, Sicherheit und gute Transportmöglichkeiten – mit Schiff, Bahn, Auto oder sogar Flugzeug. Dennoch erhält dieser Niedrigverdiener nur den Hauch dessen, was Superreiche bekommen. Müssen diese sich nun automatisch durch Ausbeutung bereichert haben? Natürlich gibt es auch hier Negativbeispiele, doch der Kapitalismus fördert auch Aufrichtigkeit.

Wer als Anleger langfristig denkt, merkt schnell, dass Aufrichtigkeit und Fairness im Wirtschaftsleben nicht nur moralisch wünschenswert, sondern auch individuell klug sind. In der Spieltheorie, wo das Verhalten der einzelnen Spielteilnehmer auf die erwarteten Spielzüge der anderen hin untersucht wird, zeigt sich ein Unterschied zwischen denjenigen, die nur einmal teilnehmen, und denjenigen, die wiederholt dabei sind [142].

Während sich im einmaligen Spiel Egoismus bezahlbar macht, ist das bei einer Wiederholung nicht der Fall. Wer sich im ersten Spiel egoistisch zeigt, signalisiert den anderen Teilnehmern, dass sie sich nicht auf ihn verlassen können. Entsprechend werden sie reagieren und ihre eigenen Interessen höher gewichten. Langfristig zahlt es sich aus, sich eine gute Reputation aufzubauen. Das kann man sich in etwa so vorstellen: Gehen Sie nie wieder in ein Restaurant, kann es Ihnen herzlich egal sein, ob die Kellner Sie mögen. Ist es hingegen Ihr

Stammrestaurant, werden Sie sich deutlich mehr Mühe geben, weiterhin willkommen zu sein.

Im Wirtschaftsleben ist nämlich der Gewinn des einen nicht automatisch der Verlust des anderen. Vielmehr gibt es viele Situationen, in denen sich beide Marktteilnehmer durch Kooperation und Reduktion der Eigeninteressen besserstellen. In einer Welt, die von Wettbewerb und Transparenz geprägt ist, ist Ehrlichkeit außerdem unabhängig vom moralischen Wert klug. Fehlverhalten wird ziemlich sicher entdeckt und bestraft. Persönlich verhilft Ehrlichkeit auch zu einer viel einfacheren Lebensweise. Wer lügt, muss sich nämlich die Lügen merken und genau wissen, wem er was erzählt hat. Wer ehrlich ist und die Dinge so erzählt, wie sie stattgefunden haben, muss sich gar nichts zusätzlich merken. Die Realität ist Teil seiner Erinnerungen.

Suchen Sie also nach Möglichkeiten, den Gewinn für beide Seiten zu stärken: Dadurch steigern Sie nicht nur Ihre Reputation, sondern auch Ihren Gewinn.

Auch bei globaler Betrachtung zahlt es sich oft aus, wenn man versucht, Lebensbedingungen von anderen zu verbessern. Hätte man beispielsweise frühzeitig in Solaranlagen investiert, die bekanntermaßen ökologisch sinnvoll sind – wie Enpal (ein Unternehmen in Berlin) –, wäre man in der Lage, eine Milliarden-Gründung durchzuführen und gleichzeitig die Klimakrise zu bekämpfen.

X.5 Finanzielles Glück erlangen und anderen davon erzählen

Durch all die Ideen in diesem Buch und die konkreten Maßnahmen zum Kauf Ihrer ersten Aktien haben Sie gelernt, wie Sie Ihr Vermögen selbst in die Hand nehmen können. Das könnte den ein oder anderen glücklich schätzen.

Genau diese positive Einstellung trägt zum finanziellen Erfolg bei. Graham et al. (2004) analysierten Paneldaten aus Russland und fanden heraus, dass Personen mit höherem »residualen Glück« im Jahr 1995 fünf Jahre später ein höheres Einkommen und eine bessere Gesundheit aufwiesen [143]. Da dieser Glückseffekt vorhanden bleibt, auch wenn man Einkommen und Sozialstatus berücksichtigt, unterstützt dies die Hypothese, dass glücklichere Menschen unabhängig von ihrer Ausgangslage ökonomisch erfolgreicher sind.

Ein weiteres Beispiel dafür zeigt die Studie von Piekalkiewicz (2016). Er analysierte Daten des SOEP und fand heraus, dass vertrauensvolle und extravertierte Personen weniger stark auf Einkommensvergleiche mit anderen reagieren [144]. Vertrauen und Extraversion wirken sich demnach positiv auf die Resilienz gegenüber negativen sozialen Vergleichen aus. Sprich: Wer entsprechend veranlagt ist, wird nicht so schnell neidisch.

In die andere Richtung gibt es ebenfalls Beispiele: Die Wissenschaftler Proto und Rustichini haben 2015 aufgezeigt, dass der Zusammenhang zwischen Einkommen und Lebensglück bei Menschen mit ausgeprägter Neurotizismus konvex gekrümmt ist [145]. Je neurotischer eine Person ist, desto empfindlicher reagiert sie auf Einkommenszuwächse im unteren Bereich und desto weniger empfindlich auf Zuwächse bei bereits hohem Einkommen. Neurotizismus verstärkt also den abnehmenden Grenznutzen von Einkommen. Sprich: Je emotional instabiler jemand ist, desto weniger freut sich die betreffende Person über Einkommenszuwächse bei hohem Einkommen und desto mehr freut sie sich über Einkommenszuwächse bei geringem Einkommen.

Vermögen ist zwar nicht ausschlaggebend für das individuelle Glück, aber ein signifikanter Beeinflusser. Warum erzählen Sie also nicht einem Freund hiervon und helfen, das finanzielle Glück weiterzugeben?

X.6 Geschichte aus der Welt der Aktien

Dass man die Welt ein Stückchen besser machen und dabei sogar noch Geld verdienen kann, zeigt das Beispiel der Mikrofinanz: Gutes tun und Geld verdienen müssen kein Widerspruch sein. Mohammad Yunus ist der Gründer der Grameen Bank. Diese vergibt Mikrokredite an Frauen in Bangladesch, die mangels klassischer Sicherheiten keinen Zugang zur normalen Kreditwirtschaft haben [146]. Lediglich zu Wucherzinsen würden sie Kredite von zwielichtigen Kreditgebern erhalten. Diese allerdings würden ihre wirtschaftliche Abhängigkeit ausnutzen. Mohammad Yunus bot den Frauen in Bangladesch faire Konditionen an, indem er das Phänomen des Gruppendrucks ausnutzte. Er entwickelte ein Vergabesystem, bei dem sich die Frauen aufgrund persönlicher Bindungen zur Rückzahlung verpflichtet fühlten. Diese sozialen Bindungen funktionieren. Seit August 2018 notiert die Aktie an der Bombay Stock Exchange. Der Ausgabepreis betrug knapp 400 indische Rupien. Im April 2025 notiert die Aktie rund knapp 1.000 indische Rupien. Für sein Konzept wurde Yunus 2006 mit dem Friedensnobelpreis ausgezeichnet [147].

X.7 Checkliste und To-dos

Checkliste

Ich habe gelernt, dass …

- mein finanzielles **Glück nicht** nur vom **absoluten** Vermögen abhängt.
- es **andere Möglichkeiten** gibt, um finanzielles Glück zu erlangen.
- ich bei jeder Investition eine **Grundverantwortung** für das Unternehmen habe – in **ethischer** und **moralischer** Hinsicht.
- es sinnvoll ist, nach **Lösungen** zu suchen, die auf **Kooperation** und nicht auf Wettbewerb **setzen.**
- ich dieses Buch als **Einstieg** in das Thema Aktien **empfehlen** kann.
- Mikrofinanz ein Beispiel für **soziales Investing** ist.

To-dos

In der nächsten Woche werde ich …

- meine Aktien im Hinblick auf ethische und moralische Gesichtspunkte prüfen.

NACHWORT

Unsere Reise durch den Dschungel der Finanzwelt erreicht damit ihr Ende. Wir hoffen, dass Sie durch die Lektüre dieses Buchs den ersten Schritt gewagt haben, um Vermögen mit Aktien aufzubauen.

In dieser Publikation haben wir vermittelt, dass Sie sich mit Aktien befassen sollten. Denn langfristig hat keine andere Anlageklasse diese geschlagen – und das, obwohl Aktien oft schlechtgemacht werden. Die negative Berichterstattung ist aber nicht fachlich begründet, sondern liegt am Eigeninteresse der Medien, die auf das setzen, was bei den Menschen am meisten Aufmerksamkeit erregt, anstatt nur zu informieren – sprich: schlechte Nachrichten. Fachmedien hingegen zeigen nüchtern hilfreiche Informationen, die Sie selbst nutzen können und die auch Profis nutzen, um erfolgreich anzulegen. Hierbei ist es natürlich wichtig, Mister Market zu verstehen und eine durchdachte Vermögensaufteilung vorzunehmen, die zur jeweiligen Lebensphase passt. Wenn Sie als Anleger dann noch passende Aktien auswählen und typische Fehler beim Kauf vermeiden, steht Ihrem finanziellen Glück nichts mehr im Wege.

An dieser Stelle heißt es: Nicht stehen bleiben, sondern weitergehen! Eine konsequente und nachhaltige Erweiterung Ihres Portfolios oder zumindest eine regelmäßige Beschäftigung mit dem Thema Aktien wird helfen, Ihr Geld über die Zeit anwachsen zu lassen. Es ist wie mit dem Eichelhäher, einem Rabenvogel: Wenn er regelmäßig Eicheln als Vorrat vergräbt und dabei einige vergisst, wachsen daraus Eichen, die später sowohl ihm als auch anderen Tieren Nahrung und Lebensraum bieten. So wird er langfristig zum Schöpfer eines ganzen Waldes.

QUELLENVERZEICHNIS

[1] Gladwell, M., *Outliers: The Story of Success*. Little, Brown and Company, New York, 2008.

[2] Campbell, J. Y. und L. M. Viceira, *Strategic Asset Allocation: Portfolio Choice for Long-Term Investors*. OUP, Oxford, 2002.

[3] Miller, G. A., *The magical number seven plus or minus two: some limits on our capacity for processing information*, in: Psychology Review, Bd. 63, Nr. 2, S. 81–97, 1956.

[4] Siegel, J., *Stocks for the Long Run: The definitive guide to financial market returns & long-term investment strategies, sixth edition*, 6. Auflage, Columbus, OH: McGraw-Hill Education, New York, 2022.

[5] Forbes, *Forbes Real Time Billionaires List – The World's Richest People*, forbes.com. Zugegriffen: 13. Dezember 2024. [Online]. Verfügbar unter: https://www.forbes.com/real-time-billionaires/

[6] World Bank Group, *Listed domestic companies, total*, data.worldbank.org. Zugegriffen: 13. Dezember 2024. [Online]. Verfügbar unter: https://data.worldbank.org/indicator/CM.MKT.LDOM.NO?view=chart

[7] Kirchhoff Consult, *Kirchhoff IPO-Studie 2023*, kirchhoff.de. Zugegriffen: 13. Dezember 2024. [Online]. Verfügbar unter: https://www.kirchhoff.de/fileadmin/static/pdfs/2023_News/Kirchhoff-IPO-Studie-2023.pdf

[8] Deutsche Börse Group, *Deutsche Börse veröffentlicht Kassamarkt-Jahresstatistik2023*, deutsche-boerse-cash-market.com. Zugegriffen: 24. Juli 2025. [Online]. Verfügbar unter: https://www.deutsche-boerse-cash-market.com/dbcm-de/newsroom/pressemitteilungen/Deutsche-B-rse-ver-ffentlicht-Kassamarkt-Jahresstatistik-2023-3810744

[9] WFE, *Größte Börsen der Welt nach dem Handelsvolumen mit Aktien im Jahr 2024*, world-exchanges.org. Zugegriffen: 24. Juli 2025. [Online]. Verfügbar unter: https://de.statista.com/statistik/daten/studie/166143/umfrage/groesste-boersenbetreiber-der-welt-nach-handelsvolumen/

[10] Chatterjee, S. und T. Adinarayan, *Buy, sell repeat! No room for 'hold' in whipsawing markets*, reuters.com. Zugegriffen: 24. Juli 2025. [Online]. Verfügbar unter: https://www.reuters.com/article/us-health-coronavirus-short-termism-anal-idUSKBN24Z0XZ/

[11] Hotchkiss, E. und S. Lawrence, *Empirical evidence on the existence of dividend clienteles*, SSRN Electronic Journal, Juli 2007. [Online]. Verfügbar unter: https://papers.ssrn.com/sol3/papers.cfm?abstract_id=1001429

[12] Ebert, S., Grote, M. und C. Laudenbach, *Zum Rätsel der Aktienmarktteilnahme in Deutschland,* Frankfurt: Frankfurt School of Finance and Management/Goethe-Universität Frankfurt, 2020. [Online]. Verfügbar unter: https://www.boerse-online.de/nachrichten/aktien/umfrage-deshalb-sind-die-deutschen-aktienmuffel-20293214.html

[13] Handelsblatt, *Welches Verkehrsmittel ist das sicherste?*, handelsblatt.com. Zugegriffen: 17. Dezember 2024. [Online]. Verfügbar unter: https://www.handelsblatt.com/technik/das-technologie-update/frage-der-woche/auto-flugzeug-bahn-welches-verkehrsmittel-ist-das-sicherste/8479152.html

[14] Frik, J., *Verfügbarkeitsheuristik*, spektrum.de. Zugegriffen: 17. Dezember 2024. [Online]. Verfügbar unter: https://www.spektrum.de/lexikon/psychologie/verfuegbarkeitsheuristik/16229

[15] EFAMA, *Anzahl der Aktienfonds weltweit vom 4. Quartal 2017 bis zum 4. Quartal 2023*, EFAMA. Zugegriffen: 17. Dezember 2024. [Online]. Verfügbar unter: https://de.statista.com/statistik/daten/studie/319185/umfrage/anzahl-der-aktienfonds-weltweit/

[16] WFE, *Anzahl der börsennotierten Unternehmen weltweit in den Jahren von 1975 bis 2024*, woldbank.org. Zugegriffen: 23. Juli 2025. [Online]. Verfügbar unter: https://de.statista.com/statistik/daten/studie/1203648/umfrage/anzahl-der-boersennotierten-unternehmen-weltweit/

[17] Bundeszentrale für politische Bildung, *Statistik: Ungleichverteilung der Einkommen in Russland*, bpb.de. Zugegriffen: 18. Dezember 2024. [Online]. Verfügbar unter: https://www.bpb.de/themen/europa/russland-analysen/nr-390/316186/statistik-ungleichverteilung-der-einkommen-in-russland/

[18] Zucman, G., *Global wealth inequality*, in: Annual Review of Economics, Bd. 11, Nr. 1, S. 109–138, Aug. 2019.

[19] Grabka, M. und C. Westermeier, *Persistently high wealth inequality in Germany*, in: DIW Economic Bulletin, Bd. 4, S. 3–15, 2014.

[20] Fey, G., *Aktionärszahlen 2024: Zeit für politische Impulse!*, dai.de. Zugegriffen: 23. Juli 2025. [Online]. Verfügbar unter: https://www.dai.de/detail/aktionaerszahlen-2024-zeit-fuer-politische-impulse-1

[21] Sonnenberg, A.-K., *Lineares Fernsehen in Deutschland bisher noch verbreiteter als On-Demand, Tendenz aber fallend*, yougov.de. Zugegriffen: 18. Dezember 2024. [Online]. Verfügbar unter: https://yougov.de/technology/articles/49524-lineares-fernsehen-in-deutschland-bisher-noch-verbreiteter-als-on-demand-tendenz-aber-fallend

[22] Dahlgreen W., *Chinese people are most likely to feel the world is getting better*, yougov.co.cuk. Zugegriffen: 18. Dezember 2024. [Online]. Verfügbar unter: https://yougov.co.uk/society/articles/14300-chinese-people-are-most-optimistic-world

[23] Rosling, H., Rönnlund A. R. und O. Rosling, *Factfulness: Wie wir lernen, die Welt so zu sehen, wie sie wirklich ist*, 10. Auflage, Ullstein Buchverlage, Berlin, 2018.

[24] Soroka, S., Fournier, P. und L. Nir, *Cross-national evidence of a negativity bias in psychophysiological reactions to news*, in: Proceedings of the National Academy of Sciences of the United States of America, Bd. 116, Nr. 38, S. 18888–18892, Sep. 2019.

[25] Kruschinski, M. M. C. R., *Einseitig, unkritisch, regierungsnah? Eine empirische Studie zur Qualität der journalistischen Berichterstattung über die Corona-Pandemie,* rudolf-augstein-stiftung.de. Zugegriffen: 17. Dezember 2024. [Online]. Verfügbar unter: https://rudolf-augstein-stiftung.de/wp-content/uploads/2021/11/Studie-einseitig-

[26] Bültena, L., *Darum verbreiten sich Verschwörungsmythen so leicht,* quarks.de. Zugegriffen: 18. Dezember 2024. [Online]. Verfügbar unter: https://www.quarks.de/gesellschaft/psychologie/darum-verbreiten-sich-verschwoerungsmythen-so-leicht/

[27] Langin, K., *Fake news spreads faster than true news on Twitter—thanks to people, not bots,* science.org. Zugegriffen: 18. Dezember 2024. [Online]. Verfügbar unter: https://www.science.org/content/article/fake-news-spreads-faster-true-news-twitter-thanks-people-not-bots

[28] Dalski, L., Flöter, K., et al., *Optimierung des Selbst: Konzepte, Darstellungen und Praktiken.* transcript Verlag, Bielefeld, 2022.

[29] Kelber, U., *Fremdbestimmung durch Digitalisierung, Künstliche Intelligenz, Algorithmen?,* in: Key Note des Bundesbeauftragten für Datenschutz und die Informationsfreiheit, Juni 2019. [Online]. Verfügbar unter: https://www.bfdi.bund.de/SharedDocs/Downloads/DE/DokumenteBfDI/Reden_Gastbeitr%C3%A4ge/2019/Fremdbestimmung_durch_Digitalisierung.pdf?__blob=publicationFile&v=8

[30] Knobloch, C., *Moralisierung,* diskursmonitor.de. Zugegriffen: 18. Dezember 2024. [Online]. Verfügbar unter: https://diskursmonitor.de/glossar/Moralisierung/

[31] Bundeszentrale für politische Bildung, *Ausgewählte Armutsgefährdungsquoten,* bpb.de. Zugegriffen: 18. Dezember 2024. [Online]. Verfügbar unter: https://www.bpb.de/kurz-knapp/zahlen-und-fakten/soziale-situation-in-deutschland/61785/ausgewaehlte-armutsgefaehrdungsquoten/

[32] Nickels, L., *Flugangst,* planet-wissen.de. Zugegriffen: 18. Dezember 2024. [Online]. Verfügbar unter: https://www.planet-wissen.de/technik/luftfahrt/flugsicherheit/pwieflugangst100.html

[33] Kahneman D., *Thinking, Fast and Slow.* Penguin UK, London, 2011.

[34] Ferber M., *Neues Sozialgesetzbuch: Abergläubisch? Bundesminister Heil will auf die Zahl 13 verzichten*, augsburger-allgemeine.de. Zugegriffen: 18. Dezember 2024. [Online]. Verfügbar unter: https://www.augsburger-allgemeine.de/politik/Neues-Sozialgesetzbuch-Aberglaeubisch-Bundesminister-Heil-will-auf-die-Zahl-13-verzichten-id53137981.html

[35] GfK Verein, *Trust in Professions 2018 – eine Studie des GfK Vereins*, 1. März 2018. [Online]. Verfügbar unter: https://www.nim.org/fileadmin/PUBLIC/3_NIM_Publikationen/NIM_Studies/2018_-_trust_in_professions_-_deutsch.pdf

[36] dapd, *Bonusdenken statt Berufsethos*, welt.de. Zugegriffen: 18. Dezember 2024. [Online]. Verfügbar unter: https://www.welt.de/print/die_welt/finanzen/article13704373/Bonusdenken-statt-Berufsethos.html

[37] Barro R. J. und X. I. Sala-I-Martin, *Economic Growth, second edition.* MIT Press, Cambridge, MA., 2003.

[38] Hahn, F. R., *Aktienmarkt und langfristiges Wirtschaftswachstum. Gibt es einen Nexus in den OECD-Ländern?*, in: WIFO Monatsberichte, Bd. 76, Nr. 3, S. 201–212, März 2003.

[39] Hasell, J., *From 1.90 to 2.15 a day: the updated International Poverty Line*, ourworldindata.org. Zugegriffen: 21. Dezember 2024. [Online]. Verfügbar unter: https://ourworldindata.org/from-1-90-to-2-15-a-day-the-updated-international-poverty-line?trk=public_post_comment-text#article-citation

[40] Shannon, C., *A mathematical theory of communication*, in: The Bell System Technical Journal, Bd. 27, S. 623–656, Juli 1948.

[41] Gygli, S., F. Haelg et al., *The KOF Globalisation Index – revisited*, in: The Review of International Organizations, Bd. 14, Nr. 3, S. 543–574, Sep. 2019.

[42] Eberhard, M., *Die Angst vor dem Kapitalmarkt bremst den Wohlstand für alle*, dasinvestment.com. Zugegriffen: 18. Dezember 2024. [Online]. Verfügbar unter: https://www.dasinvestment.com/die-angst-vor-dem-kapitalmarkt-bremst-den-wohlstand-fuer-alle/

[43] Malz, A. M., *The GameStop Episode: What Happened and What Does It Mean?*, cato.org. Zugegriffen: 19. Dezember 2024. [Online]. Verfügbar unter: https://www.cato.org/cato-journal/fall-2021/gamestop-episode-what-happened-what-does-it-mean

[44] Wissenschaftliche Dienste Deutscher Bundestag, *Sanktionierbarkeit von Verhalten im Rahmen der GameStop-Vorgänge*, bundestag.de. Zugegriffen: 18. Dezember 2024. [Online]. Verfügbar unter: https://www.bundestag.de/resource/blob/830702/faa0c6f-f0ac80320d3ae46052fee84ac/WD-4-019-21-pdf.pdf

[45] Kannenberg, A., *Bafin: Bei Gamestop keine Anzeichen für Marktmanipulation durch Kleinanleger*, heise.de. Zugegriffen: 18. Dezember 2024. [Online]. Verfügbar unter: https://www.heise.de/news/Bafin-zum-Gamestop-Hype-Keine-Zeichen-von-Marktmanipulation-durch-Kleinanleger-5077578.html

[46] Jones, J., *Bloomberg Terminal Inflation: ~9% Price Hike on Jan. 1, 2023*, neugroup.com. Zugegriffen: 18. Dezember 2024. [Online]. Verfügbar unter: https://www.neugroup.com/bloomberg-terminal-inflation-9-price-hike-on-jan-1-2023/

[47] Brynjolfsson E. und A. McAfee, *The Second Machine Age: Work, Progress, and Prosperity in a Time of Brilliant Technologies*. W. W. Norton & Company, New York, 2014.

[48] Speights, K., *3 Reasons Buying Warren Buffett's Favorite Stock Is Smarter Than Investing in an S&P 500 ETF*, fool.com. Zugegriffen: 19. Dezember 2024. [Online]. Verfügbar unter: https://www.fool.com/investing/2024/09/11/buying-warren-buffett-favorite-stock-sp-500-etf/

[49] Bhattacharya, U., Daouk, H. und M. Welker, *The world price of earnings opacity*, in: The Accounting Review, Bd. 78, Nr. 3, S. 641–678, Juli 2003.

[50] Grossman, S. J., *On the impossibility of informationally efficient markets*, in: The American Economic Review, Bd. 70, Nr. 3, S. 393–408, Juni 1980.

[51] Graham B. und D. Dodd, *Security Analysis*. McGraw-Hill Book & Co., New York, 1934.

[52] Hopkins, J., *Warren Buffett: »You Don't Get Paid for Activity, You Only Get Paid for Being Right!«*, acquirersmultiple.com. Zugegriffen: 18. Dezember 2024. [Online]. Verfügbar unter: https://acquirersmultiple.com/2023/09/warren-buffett-you-dont-get-

[53] Bar-Eli, M., Azar, O. H. et al., *Action bias among elite soccer goalkeepers: The case of penalty kicks*, in: Journal of Economic Psychology, Bd. 28, Nr. 5, S. 606–621, Okt. 2007.

[54] Wüpper, G., *Prestigeprojekt: Wie der Eurotunnel zum Anlegerskandal wurde*, welt.de. Zugegriffen: 19. Dezember 2024. [Online]. Verfügbar unter: https://www.welt.de/wirtschaft/article11322544/Wie-der-Eurotunnel-zum-Anlegerskandal-wurde.html

[55] Michel, M., *Portfolio Management in Germany at a Glance*, bvi.de. Zugegriffen: 21. Dezember 2024. [Online]. Verfügbar unter: https://www.bvi.de/uploads/tx_bvibcenter/Snapshot_Portfolio_Management_03.pdf

[56] MSCI, *MSCI World Index (EUR) Index Factsheet*, msci.com. Zugegriffen: 18. Dezember 2024. [Online]. Verfügbar unter: https://www.msci.com/documents/10199/890dd84d-3750-4656-87f2-1229ed5a5d6e

[57] Busse, J. A., Chordia, T. et al., *Transaction costs, portfolio characteristics, and mutual fund performance*, in: Management Science, Bd. 67, Nr. 2, S. 1227–1248, Feb. 2021.

[58] Samuelson, P. A., *Challenge to judgment*, in: The Journal of Portfolio Management, Bd. 1, Nr. 1, S. 17–19, Okt. 1974.

[59] Vanguard, *Assets under management of Vanguard 1975-2024*, vanguard.com. Zugegriffen: 18. Dezember 2024. [Online]. Verfügbar unter: https://www.statista.com/statistics/1260855/vanguard-aum/#:~:text=-Vanguard's%20total%20assets%20under%20management,the%20world's%20largest%20asset%20manager.

[60] BlackRock, *BlackRock: assets under management 2024*, BlackRock. Zugegriffen: 18. Dezember 2024. [Online]. Verfügbar unter: https://www.statista.com/statistics/891292/assets-under-management-blackrock/

[61] Poterba, J. und L. Summers, *Mean reversion in stock prices: Evidence and implications*, in: NBER Working Paper Series, Aug. 1987, doi: 10.1016/0304-405X(88)90021-9.

[62] Taleb, N. N., *Fooled by randomness*. Random House, New York, 2001.

[63] Kumar, S. und N. Goyal, *Behavioural biases in investment decision making – a systematic literature review*, in: Qualitative Research in financial markets, Bd. 7, Nr. 1, S. 88–108, Februar 2015.

[64] Thaler, R., *Toward a positive theory of consumer choice*, in: Journal of Economic Behavior and Organization, Bd. 1, S. 39–60, März 1980.

[65] Sharpe, W. F., *The arithmetic of active management*, in: Financial Analysts Journal, Bd. 47, Nr. 1, S. 7–9, Jan. 1991.

[66] Petajisto, A., *Active share and mutual fund performance*, in: Financial Analysts Journal, Bd. 69, Nr. 4, S. 73–93, Juli 2013.

[67] Jones, R.; *Inflated egos of the Beardstown Ladies*, theguardian.com. Zugegriffen: 19. Dezember 2024. [Online]. Verfügbar unter: https://www.theguardian.com/money/2003/may/24/womenandmoney.jobsandmoney1

[68] Hüttinger, M., *Marcus Hüttinger: »Die vergebliche Hoffnung auf perfektes Timing«*, finews.ch. Zugegriffen: 19. Dezember 2024. [Online]. Verfügbar unter: https://www.finews.ch/news/finanzplatz/53910-boerse-timing-warren-buffett-benjamin-graham-marcus-huettinger-gane-finews-first

[69] Bradford, G., *Lombard street. a description of the money market*, in: The North American Review, Bd. 119, Nr. 245, S. 331–358, 1874.

[70] Stamp, J. C., *Mr. Keynes' treatise on money*, in: Economic Journal, Bd. 41, Nr. 162, S. 241, Juni 1931.

[71] Diamond, D. W. und P. H. Dybvig, *Bank runs, deposit insurance, and liquidity*, in: The Journal of Political Economy, Bd. 91, Nr. 3, S. 401–419, Juni 1983.

[72] Barber, B., Lee, Y.-T. et al., *Do individual day traders make money? Evidence from Taiwan*, Working Paper, Mai 2004.

[73] Podzuweit, E., *Schlechte Karten für Stock-Picker*, de.scalable.capital. Zugegriffen: 19. Dezember 2024. [Online]. Verfügbar unter: https://de.scalable.capital/finanzen-boerse/schlechte-karten-fuer-stock-picker

[74] Phillips, M., *G.E. Dropped From the Dow After More Than a Century*, nytimes.com. Zugegriffen: 19. Dezember 2024. [Online]. Verfügbar unter: https://www.nytimes.com/2018/06/19/business/dealbook/general-electric-

[75] Deutsche Bundesbank, *Bankstellenentwicklung im Jahr 2024*, bundesbank.de. Zugegriffen: 24. Juli 2024. [Online]. Verfügbar unter: https://www.bundesbank.de/de/presse/pressenotizen/bankstellenentwicklung-im-jahr-2024-945292

[76] Preuschat, A., *Deutschland hat im Vergleich wenig Bankfilialen – aber mehr Mitarbeiter*, finanzbusiness.de. Zugegriffen: 19. Dezember 2024. [Online]. Verfügbar unter: https://finanzbusiness.de/nachrichten/banken/article13612204.ece

[77] Parrish, S., *The Two Types of Knowledge: The Max Planck/Chauffeur Test*, fs.blog. Zugegriffen: 19. Dezember 2024. [Online]. Verfügbar unter: https://fs.blog/two-types-of-knowledge/

[78] Germany Branch, L. B., *Die Historische Volatilität*, lynxbroker.de. Zugegriffen: 19. Dezember 2024. [Online]. Verfügbar unter: https://www.lynxbroker.de/boerse/boerse-kurse/optionen/volatilitaet/die-historische-volatilitaet/

[79] Markowitz, H., *Portfolio selection*, in: The Journal of Finance, Bd. 7, Nr. 1, S. 77–91, 1952.

[80] Bernoulli, J., *Ars Conjectandi*. 1713.

[81] Deutsche Bundesbank, *Deutsches Geld- und Bankwesen in Zahlen: 1876 – 1975*. Frankfurt am Main: Knapp, 1976.

[82] Dai, W. und A. Dong, *Another look at timing the equity premiums*, *SSRN Electronic Journal*, 2023. [Online]. Verfügbar unter: https://papers.ssrn.com/sol3/papers.cfm?abstract_id=4586684

[83] Alexander, G. J. und E. Lefevre, *Reminiscences of a Stock Operator*. George H. Doran Company, New York, 1923.

[84] Eisenhofer, A., *Optimale Aktienquote im Lebenszyklus.* Winter Industries, Berlin, 2004.

[85] Hartmann, D., *Die Regel ‚100 minus Lebensalter' im Kontext von Investments*, stiftung-boerse.de. Zugegriffen: 19. Dezember 2024. [Online]. Verfügbar unter: https://stiftung-boerse.de/boersenwissen/grundlagen/die-regel-100-minus-lebensalter-im-kontext-von-investments/

[86] Samuelson, P. A., *Lifetime portfolio selection by dynamic stochastic programming*, Stochastic Optimization Models in Finance, 1975. [Online]. Verfügbar unter: https://www.sciencedirect.com/science/article/pii/B9780127808505500447

[87] Merton, R. C., *Lifetime portfolio selection under uncertainty: The continuous-time case*, in: The Review of Economics and Statistics, Bd. 51, Nr. 3, S. 247, Aug. 1969.

[88] Spalding, R., *Harvard professor made $400 million in a biotech company's IPO*, livemint.com. Zugegriffen: 19. Dezember 2024. [Online]. Verfügbar unter: https://www.livemint.com/Companies/sjbFEjVEnPCUelN3D4sFAO/Harvard-professor-made-400-million-in-a-biotech-companys-I.html

[89] Hulverscheidt, C., *Der Millionen-Professor*, sueddeutsche.de. Zugegriffen: 19. Dezember 2024. [Online]. Verfügbar unter: https://www.sueddeutsche.de/wirtschaft/nahaufnahme-der-millionen-professor-1.4323779

[90] Graham, B. und B. McGowan, *The intelligent investor*, 2005. [Online]. Verfügbar unter: https://vikaskushanaviblog.wordpress.com/wp-content/uploads/2017/03/the-intelligent-investor-benjamin-graham.pdf

[91] Jegadeesh, N. und S. Titman, *Returns to buying winners and selling losers: Implications for Stock Market Efficiency*, in: The Journal of Finance, Bd. 48, Nr. 1, S. 65–91, 1993.

[92] Chan, L. K. C., Jegadeesh, N. und J. Lakonishok, *Momentum strategies*, in: The Journal of Finance, Bd. 51, Nr. 5, S. 1681–1713, Dez. 1996.

[93] J. Coleman, *Jim Cramer names his ‚Magnificent Seven' stocks that are the real deal*, cnbc.com. Zugegriffen: 19. Dezember 2024. [Online]. Verfügbar unter: https://www.cnbc.com/2023/06/01/jim-cramer-names-his-magnificent-seven-stocks-that-are-the-real-deal.html

[94] Immenkötter, P., *Hängt die Performance von der Größe ab?*, flossbach-vonstorch-researchinstitute.com. Zugegriffen: 24. Juli 2025. [Online]. Verfügbar unter: https://www.flossbachvonstorch-researchinstitute.com/de/kommentare/detail/haengt-die-performance-von-der-groesse-ab

[95] Davenport, T. H. und J. C. Beck, *The attention economy*, in: Ubiquity, Bd. 2001, Nr. May, S. 1, Mai 2001.

[96] M. Schnetzer und T. Hens, *Evolutionary finance for multi-asset investors,* in: Financial Analysts Journal, Bd. 78, Nr. 3, S. 115–127, Juli 2022.

[97] D. L. Domian, D. Louton und C. E. Mossman, *The rise and fall of the ‚Dogs of the Dow'*, in: Financial Services Review, Bd. 7, S. 145–159, 1998.

[98] Fey, G., *DAX-Rendite-Dreieck*, dai.de. Zugegriffen: 19. Dezember 2024. [Online]. Verfügbar unter: https://www.dai.de/detail/dax-rendite-dreieck

[99] Seeking Alpha, *What do Value, Growth, Profitability, Momentum, and EPS Revisions mean, and why are they important to investors?*, seekingalpha.com. Zugegriffen: 12. Dezember 2024. [Online]. Verfügbar unter: https://help.seekingalpha.com/premium/what-do-value-growth-profitability-momentum-and-eps-revisions-mean-and-why-are-they-important-to-investors

[100] Haseborg V. ter, *Wie Wirecards Lobbyisten die Regierung einspannten*, wiwo.de. Zugegriffen: 19. Dezember 2024. [Online]. Verfügbar unter: https://www.wiwo.de/politik/deutschland/wirecard-ausschuss-am-17-dezember-2020-wie-wirecards-lobbyisten-die-regierung-einspannten/27355538.html

[101] Newcomb, S., *Note on the frequency of use of the different digits in natural numbers,* in: American Journal of Mathematics, Bd. 4, Nr. 1/4, S. 39, 1881.

[102] Benford, F., *The law of anomalous numbers*, in: Proceedings of the American Philosophical Society, 1938.

[103] Burttel L. V. und F. Stolley, *Richard H. Thaler – Wirtschaftsnobelpreisträger 2017*, in: Wirtschaftsdienst, Bd. 97, Nr. 11, S. 780–757, 2017.

[104] Ettel, A. und H. Zschäpitz, *Richard H. Thaler: Dieser Nobelpreis verändert unser aller Leben*, welt.de. Zugegriffen: 12. Dezember 2024. [Online]. Verfügbar unter: https://www.welt.de/wirtschaft/article169446770/Dieser-Nobelpreis-veraendert-unser-aller-Leben.html

[105] Herrmann, S., *Better-than-Average-Effekt: Besser als der Rest*, sueddeutsche.de. Zugegriffen: 19. Dezember 2024. [Online]. Verfügbar unter: https://www.sueddeutsche.de/wissen/intelligenz-psychologie-moral-1.6000261

[106] Gerbino, F., *Kognitive Fallgruben beim Beurteilen von Risiken*, scip.ch. Zugegriffen: 19. Dezember 2024. [Online]. Verfügbar unter: https://www.scip.ch/?labs.20141113

[107] Schmidtke, D. S., Schröder, T. et al., *ANGST: affective norms for German sentiment terms, derived from the affective norms for English words*, in: Behavior Research Methods, Bd. 46, Nr. 4, S. 1108–1118, Dez. 2014.

[108] Norton, M., Mochon, D. und D. Ariely, *The ‚IKEA effect': When labor leads to love*, in: Journal of Consumer Psychology, Bd. 22, Nr. 3, S. 453–460, Juli 2012.

[109] Kahneman, D., Knetsch, J. L. und R. H. Thaler, *Anomalies: The endowment effect, loss aversion, and status quo bias*, in: The Journal of Economic Perspectives, Bd. 5, Nr. 1, S. 193–206, Feb. 1991.

[110] OECD, *Hours worked*, oecd.org. Zugegriffen: 21. Dezember 2024. [Online]. Verfügbar unter: https://www.oecd.org/en/data/indicators/hours-worked.html?oecdcontrol-d7f68dbeee-var3=2023

[111] Peitsmeier, H., *Prozess gegen Markus Braun: Das falsche Versprechen von Wirecard*, faz.net. Zugegriffen: 19. Dezember 2024. [Online]. Verfügbar unter: https://www.faz.net/aktuell/wirtschaft/prozess-gegen-markus-braun-das-falsche-versprechen-von-wirecard-18519792.html

[112] Shiller, R. J., *Narrative economics: How stories go viral and drive major economic events*. Princeton University Press, Princeton, New Jersey, 2019.

[113] Kahneman D. und A. Tversky, *Subjective probability: A judgment of representativeness,* in: Cognitive Psychology, Bd. 3, S. 430–454, Juli 1972.

[114] Quoidbach, J. Gilbert, D. T. und T. D. Wilson, *The end of history illusion,* in: Science, Bd. 339, Nr. 6115, S. 96–98, Jan. 2013.

[115] Bénabou, R., Groupthink: *Collective delusions in organizations and markets*, in: Rev. Econ. Stud., Bd. 80, Nr. 2, S. 429–462, Apr. 2013.

[116] Tversky A. und D. Kahneman, *Belief in the law of small numbers*, Pediatrics, Aug. 1971.

[117] Matthews, R., *Storks deliver babies (p= 0.008),* in: Teaching Statistics, Bd. 22, Nr. 2, S. 36–38, Dez. 2001.

[118] Grefkes, Y., *Das Investment: Anlageberater häufig Opfer der Truthahn-Illusion*, fonds-antizyklik-sjb.de. Zugegriffen: 19. Dezember 2024. [Online]. Verfügbar unter: https://fonds-antizyklik-sjb.de/investment-anlageberater-opfer-truthahn-

[119] Kruger, J. und D. Dunning, *Unskilled and unaware of it: How difficulties in recognizing one's own incompetence lead to inflated self-assessments*, in: Journal of personality and social psychology, Bd. 77, Nr. 6, S. 1121–1134, 1999.

[120] Göpfert, A., *Warren Buffetts Anleger-Weisheiten*, tagesschau.de. Zugegriffen: 19. Dezember 2024. [Online]. Verfügbar unter: https://www.tagesschau.de/wirtschaft/finanzen/warren-buffett-geburtstag-beste-

[121] Parrish, S., *Mastering Success: Navigating Within Your Circle of Competence*, fs.blog. Zugegriffen: 19. Dezember 2024. [Online]. Verfügbar unter: https://fs.blog/circle-of-competence/

[122] French, K. R. und J. M. Poterba, *Investor diversification and international equity markets,* in: American Economic Review, Bd. 81, S. 222–226, Mai 1991.

[123] Finanzen100, *Die Finanzkrise war lächerlich verglichen damit, was Japan vor 30 Jahren erlebt hat*, finanzen100.de. Zugegriffen: 19. Dezember 2024. [Online]. Verfügbar unter: http://www.finanzen100.de/

finanznachrichten/wirtschaft/groesste-blase-der-geschichte-die-finanzkrise-war-laecherlich-verglichen-damit-was-japan-vor-30-jahren-erlebt-hat_H250345393_324940

[124] Nisbett, R. E. und T. D. Wilson, *The halo effect: Evidence for unconscious alteration of judgments*, in: J. Pers. Soc. Psychol., Bd. 35, Nr. 4, S. 250–256, Apr. 1977.

[125] R. Dalio, *Principles: Life and work*. Simon & Schuster, New York, 2017.

[126] Fleming, M. und W. Liu, *Near Failure of Long-Term Capital Management*, federalreservehistory.org. Zugegriffen: 19. Dezember 2024. [Online]. Verfügbar unter: https://www.federalreservehistory.org/essays/ltcm-near-failure

[127] Unternehmensangaben, *Direktbanken in Deutschland nach Kundenzahl 2024*, modern-banking.de. Zugegriffen: 24. Juli 2025. [Online]. Verfügbar unter: https://de.statista.com/statistik/daten/studie/471283/umfrage/groesste-direktbanken-in-deutschland-nach-kundenzahl/

[128] Trade Republic, *Pressemitteilung: Trade Republic feiert 5. Geburtstag mit 4 Millionen Kunden und führt neue Karte mit 1 Prozent Saveback Prämie für Kartenzahlungen ein*, traderepublic.com. Zugegriffen: 21. Dezember 2024. [Online]. Verfügbar unter: https://assets.traderepublic.com/assets/files/240109_TradeRepublic_Pressemitteilung_Karte_DE_DE.pdf

[129] RIDE Capital, *Mit eigener GmbH schneller zu mehr Vermögen – RIDE Capital*, ride.capital. Zugegriffen: 19. Dezember 2024. [Online]. Verfügbar unter: https://www.ride.capital/

[130] Finanzmonitor, *Börsenweisheiten: Sprüche der Börsengurus Kostolany + Buffet*, finanzmonitor.com. Zugegriffen: 19. Dezember 2024. [Online]. Verfügbar unter: https://www.finanzmonitor.com/geld-anlegen/boersenwahrheiten-kostolany-buffet/

[131] Killingsworth, M. A., Kahneman, D. und B. Mellers, *Income and emotional well-being: A conflict resolved*, in: Proceedings of the National Academy of Sciences of the United States of America, Bd. 120, Nr. 10, S. e2208661120, März 2023.

[132] Alderson, A. und T. Katz-Gerro, *Compared to whom? Inequality, social comparison, and happiness in the United States,* in: *Social Forces*, Bd. 95, Nr. 1, S. 25–53, Sep. 2016.

[133] N-TV Nachrichten, *Am Bacon gespart: Buffett erklärt Investment mit Frühstück,* n-tv.de. Zugegriffen: 19. Dezember 2024. [Online]. Verfügbar unter: https://www.n-tv.de/wirtschaft/Buffett-erklaert-Investment-mit-Fruehstueck-article19546061.html

[134] Frey, B. S. *Happiness: A Revolution in Economics.* in: Munich Lectures in Economics. MIT Press, Cambridge, MA. 2010.

[135] Easterlin, R. A., *An economist's lessons on happiness: Farewell dismal science!,* 1. Auflage, Springer Nature, Cham, 2021.

[136] Layard, R. *Happiness: Lessons from a new science (second edition).* Penguin UK, London, 2011.

[137] Easterlin, R., *Does economic growth improve the human lot? Some empirical evidence,* in: Nations and Households in Economic Growth: Essays in Honor of Moses Abramovitz, S. 89–125, 1974.

[138] Kahneman D. und A. Deaton, *High income improves evaluation of life but not emotional well-being,* in: Proceedings of the National Academy of Sciences of the United States of America, Bd. 107, Nr. 38, S. 16489–16493, Sep. 2010.

[139] Duden, *Bedeutung frugal,* duden.de. Zugegriffen: 19. Dezember 2024. [Online]. Verfügbar unter: https://www.duden.de/rechtschreibung/frugal

[140] Noelting, O., *Wann kann ich in Rente gehen?,* frugalisten.de. Zugegriffen: 19. Dezember 2024. [Online]. Verfügbar unter: https://frugalisten.de/rechner/

[141] Easterlin, R. A., *The worldwide standard of living since 1800,* in: The Journal of Economic Perspectives, Bd. 14, Nr. 1, S. 7–26, Feb. 2000.

[142] Prasnikar, V. und A. E. Roth, *Considerations of fairness and strategy: Experimental data from sequential games,* in: The Quarterly Journal of Economics, Bd. 107, Nr. 3, S. 865–888, Aug. 1992.

[143] Graham, C., Eggers, A. und S. Sukhtankar, *Does happiness pay? An exploration based on panel data from Russia,* in: Social Indicators Research Series, Dordrecht: Springer Netherlands, Dordrecht, 2004, S. 179–204.

[144] Piekalkiewicz, M., *Money, social capital and materialism. Evidence from happiness data,* in: Quaderni del dipartimento di economia politica e statistica, Bd. 731, März 2016.

[145] Proto, E. und A. Rustichini, *Life satisfaction, income and personality,* in: Journal Of Economic Psychology, Bd. 48, S. 17–32, Juni 2015.

[146] Campbell, C., *From 'Banker to the Poor' to 'Bloodsucker': The Sorry Saga of Nobel Laureate Muhammad Yunus, time.com.* Zugegriffen: 19. Dezember 2024. [Online]. Verfügbar unter: https://time.com/6991107/muhammad-yunus-trial-sheikh-hasina-bangladesh/

[147] M. Yunus, *The Nobel Peace Prize 2006,* nobelprize.org. Zugegriffen: 19. Dezember 2024. [Online]. Verfügbar unter: https://www.nobelprize.org/prizes/peace/2006/yunus/lecture/